JESUS
para estressados

Dados Internacionais de Catalogação na Publicação (CIP)
(Câmara Brasileira do Livro, SP, Brasil)

Grün, Anselm
Jesus para estressados : imagens poderosas para superar o esgotamento / Anselm Grün ; tradução de Milton Camargo Mota. – Petrópolis, RJ : Vozes, 2015.

Título original : Kraftvolle Visionen gegen Burnout und Blockaden : Den Flow beflügeln
ISBN 978-85-326-4977-5

1. Burnout (Psicologia) – Aspectos religiosos – Cristianismo 2. Depressão – Aspectos religiosos – Cristianismo 3. Depressão por esgotamento (Psicologia) – Aspectos religiosos – Cristianismo I. Título.

15-00130   CDD-253.2

Índices para catálogo sistemático:
1. Trabalho pastoral : Cristianismo 253.2

Anselm Grün

Jesus
para estressados

Imagens poderosas para superar o esgotamento

Tradução de Milton Camargo Mota

VOZES

© 2012, Verlag Herder GmbH, Freiburg im Breisgau
Anselm Grün

Título do original alemão: *Kraftvolle Visionen gegen Burnout und Blockaden – Den Flow beflügeln*

Direitos de publicação em língua portuguesa – Brasil:
© 2015, Editora Vozes Ltda.
Rua Frei Luís, 100
25689-900 Petrópolis, RJ
www.vozes.com.br
Brasil

Todos os direitos reservados. Nenhuma parte desta obra poderá ser reproduzida ou transmitida por qualquer forma e/ou quaisquer meios (eletrônico ou mecânico, incluindo fotocópia e gravação) ou arquivada em qualquer sistema ou banco de dados sem permissão escrita da editora.

Diretor editorial
Frei Antônio Moser

Editores
Aline dos Santos Carneiro
José Maria da Silva
Lídio Peretti
Marilac Loraine Oleniki

Secretário executivo
João Batista Kreuch

Editoração: Flávia Peixoto
Diagramação: Sandra Bretz
Capa: Jardim Objeto
Ilustração de capa: ©Wesley Cowpar | Shutterstock

ISBN 978-85-326-4977-5 (edição brasileira)
ISBN 978-3-451-61170-4 (edição alemã)

Editado conforme o novo acordo ortográfico.

Este livro foi composto e impresso pela Editora Vozes Ltda.

Sumário

Introdução, 7

1 Estar atento – Aprender a lidar com o estresse, 23

2 Cinco causas de *burnout*, 33

3 Autoimagens que nos esgotam, 47

4 Imagens de relações que nos adoecem, 63

5 Imagens que inspiram, 77

6 O que nossa profissão pode significar, 89

7 As imagens-guia e os logotipos das empresas, 107

8 Imagens que estão em ressonância com a alma, 117

9 Fogo e água – Imagens bíblicas salutares, 125

10 O poder dos rituais, 133

11 Ócio e descanso – Renovação de dentro para fora, 149

12 Inspirar o fluxo, 153

13 Cinco caminhos para a fonte de força interna, 157

14 Como a bênção se torna fluxo, 167

Conclusão, 173

Referências, 177

Introdução

Atualmente, soa bastante moderno falar em "fluxo". É um conceito que, nos últimos tempos, não só foi introduzido na psicologia, mas também tem sido usado na linguagem coloquial para descrever estados positivos, ação criativa e envolvimento em alguma atividade. "As coisas fluem" significa praticamente o oposto do esgotamento e da sobrecarga, dos bloqueios e do *burnout*: no fluxo, estamos totalmente em nós mesmos e, ao mesmo tempo, intensamente no que estamos fazendo. Aquilo com que nos ocupamos no momento é executado com facilidade. Trata-se de um estado desejado por muitas pessoas que estão imersas num mundo de trabalho cansativo e complicado. A ideia subjacente aqui tem a ver com algo bastante antigo. Por mais moderno que pareça e por mais que se encaixe adequadamente na descrição de diversos problemas de nosso mundo do trabalho, o conceito de fluxo (e a ideia subjacente) refere-se a compreensões da realidade, da própria vida e da natureza humana que já foram, muito cedo, formuladas por grandes mestres da sabedoria.

"Tudo flui", diz Heráclito, o "obscuro" filósofo grego (provavelmente 544-480 a.C.). A base de sua filosofia é que tudo se move e tudo está em fluxo, que nada é permanente e fixo. O Ser está em fluxo. E apenas quem entende isso pode viver em consonância com o Ser.

Muito antes de Heráclito, o grande mestre da sabedoria chinesa Laozi falava do fluxo eterno. Ele fala da fonte primordial da vida, "que brota de si mesma sem esforço" (BACKOFEN, p. 16). Cabe ao ser humano deixar essa fonte primordial jorrar nele próprio. Mas, para experimentar e perceber isso, ele precisará da atitude de desprendimento, ou – como Laozi também diz – precisará do silêncio. "Quem não pode permanecer em silêncio esgota-se" (p. 15). Quem se segura a si mesmo, quem – para empregar a linguagem de Mestre Eckhart – não está liberto de si mesmo, quem não silencia o Ego, esgota-se rapidamente. Em contrapartida, a fonte primordial da vida flui na direção de quem se desprendeu de si mesmo: "Será que apenas a pessoa desprovida de ego se realiza?" (p. 16).

Insights de um psicólogo moderno

O que Heráclito e Laozi tentaram explicar às pessoas há mais de 2.500 anos foi redescoberto em nosso tempo, e considerando a realidade de nossa vida, pelo psicólogo húngaro Mihaly Csikszentmihalyi. Ele reconheceu que o homem experimenta felicidade quando está no fluxo e só sente prazer no trabalho quando a energia flui nele. No entanto, o psicólogo também se defende contra aqueles que querem prendê-lo a essa percepção. Ele não quer se tornar o "Sr. Fluxo". Por isso, na conversa com Ingeborg Szöllösi, ele prefere empregar a expressão "dança da vida". Diz: Não devemos nos fixar no centro, mas nos entregar à dança ao redor do centro. Após a Segunda Guerra Mundial, Csikszentmihalyi fugiu da Hungria e, ainda jovem, trabalhou em vários lugares na Itália. Nunca parava de pensar na pergunta: "Como as pessoas poderiam viver com mais alegria e paixão? Como poderiam trabalhar de forma mais eficiente e criativa, sem se deixarem encerrar na gaiola de ferro da profissão e de suas exigências?"

As respostas que ele encontrou também nos ajudam a avançar quando refletimos sobre como lidar com as tensões atuais.

O psicólogo húngaro não vê o "fluxo" como uma palavra mágica. O fluxo acontece onde quer que as pessoas trabalhem com prazer, dedicação e atenção. Em fluxo, tudo anda como que por conta própria. Ele observou isso, por exemplo, numa velha camponesa italiana, que mergulhava prazerosamente no trabalho porque se encontrava em companhia de toda a natureza. Para Csikszentmihalyi, o fluxo não significa uma técnica ou método mental específico, mas um princípio de vida, um estado que podemos alcançar e que poderia ser descrito como um tipo de movimento sem esforço numa corrente de energia. Trata-se, antes de tudo, de uma entrega e concentração no aqui e agora. Sempre que eu me envolvo com atenção no que estou fazendo agora, a energia flui em mim. Eu, então, mergulho completamente naquilo que estou fazendo e experimento uma liberdade criativa. O psicólogo fornece a seguinte descrição: "O ego desaparece, o tempo voa. Cada ação, cada movimento e todos nossos pensamentos derivam apenas dos anteriores". Em tal estado, as pessoas esquecem o cansaço, até mesmo a fome, perdem de vista qualquer interferência do entorno e chegam ao máximo de concentração e criatividade. Não se sentem carregadas de mais nem de menos. Estão inteiramente em si mesmas e no que estão fazendo.

O que possibilita criatividade e felicidade

Essencialmente, ser criativo não é nada mais do que estar no fluxo. E chamamos de "fluxo" um estado que permite criatividade. O fluxo, o fluxo da vida, é um caminho para a felicidade. Quando pensamos em nosso trabalho, o fluxo de energia é o caminho por excelência para também encontrarmos realização e felicidade em nosso trabalho, em vez de apenas reclamarmos da carga e dos incômodos que nos causa. Quando a energia está fluindo dentro de nós, trabalhamos de forma eficaz, pois somos sustentados por esta energia. Nesse modo de entender, o fluxo é a forma mais eficiente de trabalho criativo e gratificante. Isso o distingue, por exemplo, do fogo de palha de um entusiasmo que se inflama por um breve momento e então rapidamente se apaga. Mas também o difere da obstinação com o trabalho. Hoje há muitas pessoas que desenvolvem uma mania em relação ao trabalho. Parece que estão totalmente focadas nele. Mas estão fixadas em algo externo. O fluxo não se refere de modo algum só ao trabalho, mas também pode se voltar para a arte, o prazer, o descanso. A vida também flui quando eu me esqueço nela e com ela me envolvo completamente. Pode-se descrevê-lo como forma particular de um estado de felicidade.

Quando tudo se torna excessivo

O oposto do fluxo, tal como o descrevemos, é a experiência de *burnout*. Nada flui. Esta experiência pode ser descrita com a imagem de uma seca e com o estado de ausência de dinamismo. Você se sente sobrecarregado, paralisado, bloqueado. Os bloqueios também são caracterizados por uma experiência negativa: nenhuma energia flui mais. Pelo contrário, tem-se a impressão de que está tudo congelado. Continuamos a trabalhar, mas é apenas rotina. Não é só que a energia não flui: sentimo-nos empurrados. Somos empurrados de um compromisso para outro. Não sentimos mais alegria e satisfação com o que estamos fazendo. É verdade, participamos de tudo, mas nos sentimos cada vez mais insatisfeitos, mal-humorados, irritáveis. Não mais nos encontramos com as pessoas, mas as vemos apenas como estraga-prazeres: "O que ele quer de mim dessa vez?" O trabalho se torna um fardo. Tomamos asco pelas pessoas. Muitas vezes reagimos com brusquidão e severidade. É como um grito de socorro: "Deixe-me em paz de uma vez por todas. Não posso mais e não quero mais!" Quando não conseguimos mais realizar um trabalho com facilidade, devemos fazer um esforço e nos obrigar ao trabalho. Mas em algum momento o esforço se torna muito grande. Nossa energia acaba. Parecemos impotentes. Nós nos esquivamos de qualquer decisão, de qualquer conflito. Já não encontramos força para tomar uma resolução com paz e clareza. Tomamos decisões precipitadas e depois somos incomodados pelo medo de ter feito algo errado. Tentamos reprimir esse medo, mas não temos sucesso, porque ele nos persegue nos sonhos e, pela manhã, nos tortura e nos causa remorso: "Eu deveria ter decidido de outra maneira? Qual será a consequência da minha decisão?" Com o tempo, tudo fica indiferente. Continuamos a fazer as coisas sem muita consideração, até não dar mais. Algumas pessoas sucumbem com tanta carga. Sofrem um colapso nervoso. Ou começam a chorar sem mais nem menos e não conseguem parar. Tenho uma imagem clara em minha mente: Um gerente está indo de uma reunião desgastante para o próximo compromisso. Faz uma parada de descanso e toma café para ficar acordado. Quando entra novamente em seu carro, tem uma crise de choro. Não sabe o que há de errado com ele. Mas é uma coisa evidente: um *burnout*.

Surgem sinais

Muitas vezes, são as pessoas ao redor que percebem que o indivíduo caiu em *burnout*, não ele próprio. Elas percebem como o colega de trabalho ou chefe está cada vez mais nervoso, como profere observações pessimistas ou se refugia na ironia ou no sarcasmo. Professores que anteriormente amavam sua profissão e se comprometiam com a escola passam a criticar seus alunos e colegas. Vendedores falam sobre os clientes apenas com desrespeito e desprezo. Frases cínicas e depreciativas *contra* pessoas *para* quem se trabalha são manifestações de aversão drástica ou de simples rejeição: relacionamentos são interrompidos e danificados. Não esperávamos essas frases sarcásticas de tais pessoas. São um sinal de alarme de que uma insatisfação interna e a sobrecarga ganham espaço nelas.

Outra característica são exaustão e fadiga crônicas. Se alguém diz: "Estou tão cansado. Não tenho vontade de fazer nada. Estou farto de tudo isso", isso pode indicar um *burnout* iminente.

O fenômeno de *burnout* não se revela só no aumento da fraqueza, na falta de iniciativa e na indiferença, mas também muitas vezes na depressão que assola as vítimas. Também se fala de depressão por exaustão. Tal condição priva o indivíduo de motivação, de força. Ele quer ficar enclausurado entre suas quatro paredes. Não quer ver ninguém. Tudo é demais. Tudo se escurece. No começo, ele sente a ineficiência e a perda de sentido no trabalho e, por fim, não vê mais significado em nada. Nesse ponto a situação já é bastante crítica.

Quando os bloqueios se acumulam

Antes que ocorra a depressão, o *burnout* se anuncia nos bloqueios. Você se sente bloqueado. Não é incomum ter bloqueios. Esta é uma experiência que todo mundo sofre uma vez ou outra. O indivíduo precisa terminar um texto, mas, de repente, sofre um bloqueio de criatividade. Nada flui. Ou temos um bloqueio de pensamento e não sabemos mais o que fazer. Não somos criativos na reunião. De repente, você não sabe o que dizer. Não conseguimos nos lembrar de uma palavra específica, de um nome em particular. Estes são bloqueios que todo mundo conhece. O que há de especial e diferente no *burnout*: esses bloqueios se acumulam. E, de repente, estamos completamente paralisados. Tudo nos parece difícil. E acima de tudo: tudo exige enorme força – física e mental.

Externamente, não é difícil reconhecer quando alguém está correndo risco de ter um *burnout*. Muitos não admitem esse risco. Mas percebemos: a pessoa trabalha obcecadamente, mas se mostra cada vez mais triste e irritável. Não aceita mais os convites dos amigos. Não tem mais tempo. Sempre recorre ao pretexto dos compromissos que tem de cumprir. Quando você a encontra, ela não tem tempo, nem mesmo para uma conversa rápida. Deve correr logo para o próximo compromisso. É possível notar sua tensão interior. Ela parece péssima. Não há serenidade, mas contração e tensão. A isso se acrescenta: um número crescente de sinais indica que a pessoa não tem mais prazer com nada. Tudo é um fardo, não só o trabalho, mas também a convivência em família com os filhos, os pequenos afazeres. As brigas são mais frequentes. As crianças notam como o pai ou mãe estão tensos. Elas exigem atenção, mas são rejeitadas. Isso se agrava, resultando em mais tensão e uma nova fonte de estresse.

Insensibilidade e frustração

Um fenômeno que indica o risco de *burnout* é uma crescente insensibilidade. O indivíduo não sente mais nada no trabalho, nas conversas com os colegas, com os clientes. Sim, até mesmo as conversas com os amigos são cada vez mais frias e vazias. Os outros sentem a pressão sob a qual ele se encontra. Muitas vezes, são pessoas que se colocam sob pressão em tudo que fazem. A pressão que experimentam no trabalho é, para elas, a continuação da pressão interna e constante. Não conseguem encarar a pressão como um desafio esportivo que faz sua energia fluir, mas se deixam esmagar debaixo dela. Vivenciam a pressão com uma "espada de Dâmocles" sobre a cabeça. Por exemplo, elas têm sempre a impressão de que não estão à altura da pressão, que não são boas o suficiente para o chefe que as pressiona. Esse tipo de pressão não constitui, especialmente a longo prazo, um estímulo de euforia; ao contrário, ela represa a energia em nós, cria bloqueios e produz uma avaria no corpo, na alma e no espírito. Se a fonte não jorra mais, quando já não estamos no fluxo, então já se pode falar em exaustão ou justamente em *burnout*.

O *burnout* não existe apenas no mundo profissional, mas também nas relações interpessoais, na parceria, numa associação, num clube, numa comunidade. As pessoas que podem cair na esfera paralisante do *burnout* não se restringem de modo algum àquelas que tendem a ser insensíveis ou frias. O termo *burn-out* vem do inglês e significa queimar. E justamente no ponto em que as pessoas ardem, onde defendem os outros com entusiasmo e idealismo, elas correm também o risco de queimar até a extinção. O termo foi desenvolvido, não por acaso, no ambiente dos profissionais de serviços sociais. Foi usado pela primeira vez em estudos para descrever os problemas de saúde destes grupos profissionais. Em tais ocupações, as pessoas costumam se engajar em favor dos outros por idealismo. Por isso é tanto mais frustrante para elas quando não recebem gratidão. Chega um momento em que a decepção as torna amargas. E quando ainda sobrevém a isso a falta de reconhecimento de seus superiores, seu fogo interior se apaga e elas se esgotam.

Defesa e esgotamento

Quando abordamos o assunto com um amigo com risco de *burnout*, ele fica na defensiva. Ele maldiz a empresa ou o fardo familiar. Os outros são os culpados se ele atualmente não se sente tão bem. Mas diz que tudo vai voltar ao normal. Ou encontra desculpas: sim, no momento, há uma sobrecarga. Mas as férias estão chegando. Tudo vai ficar bem. Mas isso é uma avaliação equivocada. Ele sai de férias, e não se recupera. Ele retorna igualmente tenso. As férias são um fracasso. O tempo não estava bom, a pousada não manteve o que prometeu. Ele brigou com a esposa. Não dormiu bem. Os problemas da empresa, o descontentamento interno e o dilaceramento o perseguiram mesmo durante as férias. Agora, ele volta a trabalhar e entra em pânico quando pensa em tudo que novamente vem ao seu encontro. Às vezes, o pânico se manifesta em ataques de ansiedade. Ou a pessoa se torna deprimida. Chega a pensar em suicídio. Não vê nenhuma saída. Mas também não quer admitir que chegou ao fundo do poço. Só vai procurar o médico se nada mais adiantar. Mas o médico não lhe conta toda a verdade. O médico deve apenas lhe dar atestado médico para uma semana, prazo para tudo voltar ao normal. Mas não volta. Apenas um bom médico não se contentará em apenas fornecer atestado. Ele lhe dará o diagnóstico de *burnout*, ou, como se diz na linguagem médica convencional, de depressão por exaustão.

Em vez de *burnout*, também podemos falar, mais coloquialmente, de "esgotamento". Isto está relacionado com a imagem da fonte que esgotamos. Estamos esgotados quando a fonte seca ou se tornou turva, quando já não nos refresca, mas apenas corre até nós como um pequeno fio de água. A imagem do fluxo se encaixa bem na imagem do haurir. Se haurimos de fontes internas que são inesgotáveis, não vamos nos sentir esgotados tão facilmente.

Mas também se nota um abuso no emprego do termo: falamos precipitadamente de *burnout* diante de quase qualquer pressão, tanto no âmbito profissional quanto privado. Mas nem toda pressão temporária leva a um *burnout*. Ainda abordaremos a distinção entre estresse e *burnout*. Na psicologia e na medicina, *burnout* ainda não é uma descrição obrigatória de uma doença clínica. Visto que o *burnout* é frequentemente associado a estados depressivos, os psicólogos preferem, por vezes, falar de depressão por exaustão. Segundo essa definição, a doença não é o *burnout*, mas sim a depressão, que pode ser provocada por exaustão.

Precisamos de autoajuda e autocuidado

Este livro não pretende apenas descrever o fenômeno de *burnout* e como as pessoas o experimentam em diferentes contextos de vida, mas também mostrar auxílios concretos contra essa exaustão duradoura. Trata-se de possibilidades de autoajuda e autocuidado para não ficar doente. Aqui, as imagens são importantes para mim. Imagens negativas podem levar ao *burnout*; em contrapartida, ativar imagens boas pode ser uma ajuda para me colocar em contato com minhas fontes internas das quais posso haurir sem ficar esgotado. Trata-se de imagens pessoais, mas também de imagens que me são impostas de fora, e imagens criadas pela instituição onde vivo e trabalho. Imagens que são tidas em alta conta na sociedade e nos invadem provenientes de todos os canais possíveis, incluindo a mídia, podem aumentar o *burnout*. Portanto, é importante encontrar e fixar imagens de motivação e cura, imagens que nos protejam contra a combustão.

No plano de fundo de nossas ações, muitas vezes se encontram imagens que nos estimulam, encorajam e inspiram. Mas, com bastante frequência, tais imagens vão na direção errada e provocam erosão: imagens-guia podem nos induzir ao erro. Estou me referindo a imagens internas, mas também podem ser imagens "oficiais", dadas de antemão pela sociedade, difundidas pelos meios de comunicação ou inscritas nas diretrizes das empresas.

Neste livro, levaremos a sério as imagens em sua força dupla, em seu efeito construtivo e erosivo, e questionaremos como nos afetam, qual é a força inibidora ou motivadora que emana delas. Por fim, será importante encontrar imagens para nós que inspirem o fluxo e despertem um novo prazer com formas e figuras, que reduzam as tensões e liberem potenciais em nós, que ajudem a assumir responsabilidade e a desenvolver alegria de viver e trabalhar.

Imagens, visões, visualizações, rituais

Na psicologia, podemos distinguir entre imagens, visões e visualizações. Carl Jung cunhou o conceito de imagem arquetípica. As imagens arquetípicas centram o ser humano em seu si-mesmo. Elas têm um efeito curativo e totalizante. No entanto, Jung adverte contra a identificação com imagens arquetípicas. Porque, nesse caso, ficamos cegos para nossas próprias necessidades, que então descarregaremos nessa imagem. Uma imagem arquetípica é, por exemplo, a do ajudante ou do curador. Mas, quando numa conversa com uma pessoa em busca de auxílio, eu me identifico com a imagem do curador e suponho que possa curar o outro pela minha proximidade, minha ternura e meu amor, deixo de notar como estou dando vazão à minha necessidade de proximidade sob o manto da imagem arquetípica. A imagem do curador pode perfeitamente me pôr em contato com os poderes de cura de minha alma. Ela então será benéfica para mim e para os outros. Mas não posso me identificar com essa imagem. Caso contrário – como diz C.G. Jung –, eu me distendo interiormente. Há uma inflação psicológica, que me deixa cego para as minhas próprias limitações humanas.

Nem toda imagem é uma imagem arquetípica. Mas qualquer imagem pode atuar sobre as pessoas em diferentes intensidades. O efeito é tanto mais forte quanto mais a imagem externa se choca com imagens internas. Cada um traz dentro de si imagens que se formaram ao longo da vida. Nesse sentido, são particularmente importantes as imagens que nos marcaram durante a infância, porque estão profundamente arraigadas. Imagens nos colocam em contato com o potencial de capacidades que se encontram dentro de nós, e com a fonte de energia na base de nossa alma.

Falamos de visões num duplo sentido. Em primeiro lugar, há as visões relatadas pelo misticismo. São imagens internas que se apoderam de nós. Essas visões não se restringem a uma só imagem, mas se trata, muitas vezes, de toda uma sequência de imagens, de eventos que se desenrolam em nossa mente.

O misticismo aborda tais visões, mas ao mesmo tempo também é crítico em relação a elas, porque conhece o perigo de o indivíduo se engrandecer com tais visões e sentir-se como algo extraordinário. Em segundo, economistas falam de visões que uma empresa, por exemplo, deve ter para o futuro. Essas visões estão focadas no futuro. São imagens que descrevem o objetivo de uma empresa, mostrando a direção em que ela deve se desenvolver.

A visualização é um exercício psicológico, mas também é chamada de imaginação. Visualizamos certas imagens e deixamos que atuem em nós. Imagino, por exemplo, que estou caminhando por um prado verde e sinto imensa tranquilidade. Em seguida, entro numa capela e me sento. Ao mesmo tempo observo quais imagens e sentimentos brotam em mim. A imaginação que é usada na medicina trabalha de modo semelhante. Pacientes com câncer imaginam como os glóbulos brancos devoram e eliminam células cancerosas. Ou imaginam que o poder curativo de Deus penetra as células cancerosas e as cura. Visualização e imaginação trabalham, portanto, com figuras que nós mesmos imaginamos para produzir determinado efeito em nós.

Rituais são exercícios concretos que podem nos pôr em contato conosco mesmos. Quando sugiro rituais neste livro, eu geralmente os relaciono com imagens e visualizações. Com rituais, as imagens interiores podem ser praticadas e fixadas. Isso requer certo tempo, que reservo para mim para praticar um ritual. É um momento sagrado, um momento que me pertence e pode me curar. No entendimento dos gregos antigos, o sagrado também era sempre aquilo que podia curar. A palavra grega *hagios* conduz ao termo alemão "*Hag*" ("cercado", em português), uma área delimitada que me pertence. A palavra alemã "*behaglich*" ("aconchegante") também deriva dessa raiz. O ritual cria um tempo e um lugar sagrados para mim, nos quais me sinto confortável, seguro e protegido. Os rituais neste livro pretendem ajudar o leitor a gravar na alma as imagens e representações saudáveis, transformar imagens doentias e encontrar uma maneira para fazer a energia interna fluir.

1
ESTAR ATENTO
Aprender a lidar com o estresse

Eustress e distress

Para quem sofre de *burnout*, tudo é estressante. No entanto, é preciso ficar claro: estresse não é a mesma coisa que *burnout*. Mas ele pode muito bem levar ao *burnout* quando há outras condições internas ou externas. Tensão e pressão não são coisas incomuns. Mas em nossa sociedade moderna, com sua agitação, suas contínuas transformações e diversas exigências, elas fazem parte de nossa vida num grau diferente daquele de gerações anteriores. O estresse não se refere a um conceito unívoco. A psicologia faz distinção entre *eustress* e *distress*. Existe uma tensão boa que nos mantém vivos (*eustress*) e uma tensão que nos sobrecarrega. Falamos de *distress* sempre que as demandas externas ou internas nos afligem além de nossa medida. Claro, quando discutimos sobre estresse, a principal referência é o mundo do trabalho. Estamos constantemente sob a pressão de trabalhar cada vez mais rápido. Muitas vezes, a pressão externa se mistura com nossa própria tendência interna de nos colocarmos sob pressão em tudo o que fazemos. Mas o estresse não é causado primordialmente pela quantidade de trabalho, e sim pelas exigências que a vida nos impõe: às vezes são situações desgastantes, como uma doença crônica, fadiga, um desgaste psicológico ou o fardo de conflitos na família, de problemas com os filhos, de uma crise conjugal ou divórcio. A morte de entes queridos também pode nos sobrecarregar.

Ficar atento para as causas

Todo mundo conhece estresse. Muitos se queixam de estresse. Mas apenas se lamentar não ajuda em nada. O primeiro passo para reagir ao estresse consiste em estar atento e perguntar pelas causas: É, realmente, a quantidade de trabalho? Então devo tentar reduzi-la. São as aflições externas? A perda de um ente querido, conflitos familiares, conjugais ou profissionais? Não posso simplesmente eliminá-las do mundo. Elas existem. Tenho de enfrentá-las. Mas a maneira de reagir é algo que depende de mim. Posso diminuir o estresse por meio de uma reação diferente.

Um exemplo concreto. Uma mulher me disse: "O trabalho na empresa exige tanto de mim que não tenho mais energia suficiente para cuidar da família. Estou constantemente com a consciência pesada por não ter tempo suficiente para meus filhos e meu marido, e especialmente por não ter força mental para me dedicar a eles. Estou cada vez mais sensível". Perguntou-me: "Como posso lidar com essa situação, com esse sentimento estressante, o que posso fazer para não correr risco de ter um *burnout*?" Também lhe aconselhei o que acabei de dizer acima: antes de tudo, é preciso estar atento e analisar exatamente o que tanto nos desgasta. É a quantidade de trabalho? São as condições pouco claras da empresa? São as inúmeras decisões a ser tomadas? Ou a pressão exercida pela chefia? Quem conhece a causa exata pode pensar em como reagir de forma diferente à pressão, à falta de clareza, às expectativas externas, sem se colocar sob pressão adicional. Aconselho pessoas que se queixam de estresse a examinar quais são as áreas em que devem se delimitar e se proteger. Fiz uma proposta concreta a essa mulher: quando chegar em casa, esqueça o trabalho. Não encare a dedicação aos filhos como um trabalho. Ao contrário, você deveria estar contente por ter uma família, crianças que trazem outros aspectos à sua vida. Você não deve andar por aí com a consciência pesada. Nem deve fazer tantas coisas assim por seus filhos e seu marido. Deve simplesmente estar presente. Confie em que você é uma bênção para sua família do jeito que você é, sem fazer muito. Você dá o que pode. Reze para que o que você dá seja uma bênção para seus filhos, que os exorte a desenvolver as forças que eles têm dentro de si. Quando você se sentir sensível demais, então cuide melhor de si mesma.

Abrace a si mesma. Pegue essa criança interna ferida e sensível e lide amorosamente com ela. Permita-se ser como você é. Mas ao mesmo tempo acredite que a proximidade curativa de Deus a rodeia e a protege do assédio das pessoas, de suas exigências e expectativas.

É provável que a experiência relatada por essa mulher não seja incomum. Certamente qualquer trabalhador irá dizer um dia: estou tendo estresse na empresa. Quando tenho estresse na empresa, a primeira pergunta a fazer é: Posso alterar alguma coisa em minha atitude? E: Como poderia reagir de forma diferente?

Quatro passos para lidar bem com pressão

O primeiro passo é entrar em contato comigo mesmo. Quando há estresse, dou aos fatores externos muito poder sobre mim. Deixo que o âmbito externo me determine e perco a relação comigo mesmo. Entro em contato comigo mesmo quando sinto minha respiração, meu corpo; quando aprecio estar comigo. Posso, então, dizer a mim mesmo: estou inteiramente em mim mesmo, estou inteiro neste momento. Ninguém agora quer algo de mim. Dirijo-me ao trabalho, aos problemas. Mas não me deixo levar, nem permito que me pressionem.

O segundo passo: examino minha atitude e me questiono. Eu gostaria, talvez, de ser amado por todos, de agradar a todos? Estou precisando de atenção, aceitação, reconhecimento? Ao admitir minha carência, posso também relativizá-la. Não posso me criticar por causa da minha carência ou sensibilidade. Agindo assim, eu apenas agravaria o estresse. Tenho de admiti-las. E então eu posso me distanciar delas neste momento. O que os outros pensam de mim não tem muita importância para mim agora. Agora eu confio em meu próprio sentimento. Agora sei que sou sustentado por Deus, aceito por Deus. Isto me liberta da pressão de ser amado por todos.

O terceiro passo: pergunto-me qual é a fonte de onde extraio minha força. É a fonte turva do perfeccionismo, da ambição, da obrigação de provar minhas capacidades? Talvez o estresse seja condicionado pelo fato de eu beber de uma fonte turva. Então eu poderia tentar atravessar todas essas fontes turvas e chegar à fonte clara no fundo da minha alma. A fonte clara é a fonte do Espírito Santo. Ela pode me inspirar a procurar outras soluções e encontrar um caminho transitável.

O quarto passo: reflito sobre onde o trabalho é objetivamente excessivo, pergunto-me se dedico muito tempo ao trabalho. Então compete a mim cortar e reduzir algumas coisas. Muitos dizem que isso não funciona. Naturalmente sempre aparecem mais coisas para fazer. Isso se aplica ao âmbito familiar, bem como ao trabalho no escritório. Quando sinto o fardo do estresse, encontro ajuda em algo muito simples. Simplesmente limito os períodos em que trabalho. Tento trabalhar de forma eficaz durante esse tempo. Mas então também posso desfrutar os momentos que reservo para a oração, o silêncio, a leitura. Uma boa maneira de limitar o tempo são os rituais, que criam um tempo sagrado para mim. O tempo sagrado me pertence. Ninguém mais pode dispor dele. Posso respirar profundamente quando, apesar do trabalho demasiado, tenho o meu tempo sagrado diário, que pertence a mim. Eu me sinto livre. Todos os dias sou grato por experimentar esse espaço livre. Ele também introduz um pouco de liberdade nas obrigações do ambiente de trabalho. Na empresa terei novamente de enfrentar as inúmeras demandas. Mas com a experiência deste tempo livre e esta liberdade interior em mim, abordo de maneira diferente as expectativas externas. Não me deixo determinar ou pressionar por elas. Eu mesmo vou ao encontro delas. Sinto a liberdade interior em tudo o que faço. É um auxílio imaginar que há um espaço de liberdade em mim, um espaço sagrado onde Deus habita em mim. As expectativas das pessoas não têm acesso a este espaço. Ali não estou sob pressão. Ali sou inteiramente eu mesmo.

Encontrar nossa medida

Cada um de nós é, uma vez ou outra, confrontado com o fenômeno do estresse. Se ele for muito forte, o corpo se revolta. Uma pessoa vivenciará a reação do intestino irritável. Outra sofre um distúrbio auditivo ou problemas no disco intervertebral. Em outras, a pele reage com um eczema. Outras têm resfriados constantes. Todos estes são sinais de alarme do corpo. Mas não significam necessariamente um *burnout*.

Devemos observar esses sinais, mesmo que eles ainda não estejam na fase dramática ou ameaçadora de um *burnout*.

Devemos agradecer quando o organismo reage. Pois ele nos obriga a cuidar melhor de nós, a trabalhar sobre nossa atitude interior ou reduzir a carga de trabalho. É sempre um exercício de equilíbrio. Devemos nos deixar desafiar pelas exigências da vida. Isso nos fortalece e nos mantém vivos. Mas existe também uma tensão excessiva. É preciso ter um sentido apurado para detectar onde a tensão promove a vida e onde a inibe. É bom de tempos em tempos (e não só quando sentimos tensão física) nos permitirmos uma dose de silêncio, em que apenas nos sentamos, ouvimos nossa alma e nosso corpo e perguntamos se o que estamos vivendo é harmonioso, indagamos o que está nos pressionando e o que nos deprime. Então podemos refletir sobre como reagiremos.

O *burnout* é, como eu disse, algo diferente de estresse. O estresse *pode* nos adoecer quando não lidamos corretamente com a tensão e não encontramos nossa medida. Mas podemos reagir ao estresse com mais facilidade quando estamos conscientes de sua causa. O *burnout* já é uma expressão de doença, porque perdemos toda a tensão e ficamos completamente esgotados. Perdemos a esperança e a perspectiva de ainda poder lidar com o estresse. Mas é por isso também que é importante prestar atenção nas condições, muitas vezes inter-relacionadas, que levam a um processo quase imperceptível de *burnout*. Vou discutir sobre essas condições no próximo capítulo.

RITUAL

Se você tiver a sensação de que a pressa e o estresse determinam seu cotidiano, tente agir contra isso, conscientemente. Tente diminuir o ritmo de sua vida e exercitar uma lentidão que lhe faça bem.

Procure todo dia um pequeno trajeto que você possa percorrer lentamente. Pode ser o lance de escadas. Pode ser o caminho até a caixa de correio, o caminho até o jardim. Pode ser um trajeto que você, de qualquer maneira, percorre todos os dias. Mas também pode ser um caminho que você transformará em ritual, dando uma volta em seu jardim, por exemplo.

Tente caminhar muito lentamente, passo a passo, e sentir a brisa com as mãos. É bom que você esteja sozinho, sem espectadores. Ao caminhar com extrema lentidão, você pode sentir o que é estar completamente no momento, o que significa dar passos, andar, experimentar o mundo. Você está inteiramente em sua caminhada. Você não precisa fazer nada. Não precisa se concentrar. Você verá que caminhar em ritmo extremamente lento produz uma lentidão interna, verá que você chega ao seu coração. Se você praticar isso diariamente, vai notar uma mudança em você. Pode escolher um determinado momento – de manhã, à noite quando volta para casa do trabalho – ou um determinado lugar: o corredor do seu apartamento, as escadas, o percurso até a caixa de correio. Então você vai sentir, todos os dias, a desaceleração de sua vida. Isso vai lhe dar uma nova força para o trabalho, que poderá então perfeitamente andar com rapidez.

2
CINCO CAUSAS DE *BURNOUT*

Um processo que conduz à crise

Quando acompanho pessoas cuja condição física e mental é caracterizada por aquilo que descrevemos como *burnout*, elas frequentemente me dizem que o principal motivo de seu esgotamento é: "Estou esgotado e sofrendo de *burnout* porque trabalhei muito". Então respondo: "Isso soa muito bem. Talvez você queira minha admiração por ter trabalhado muito, ou minha compaixão por ter precisado trabalhar muito. Mas, infelizmente, não acredito que foi o trabalho que causou seu *burnout*. As causas devem ser sempre procuradas em outro lugar". Em seguida, geralmente olho para os rostos descrentes. Tento deixar claro: para entender o *burnout* é importante observar o desenvolvimento que levou a esta crise. O *burnout* não afeta o indivíduo de forma tão repentina, como um acidente súbito e imprevisto na rua. Não ficamos esgotados de uma hora para outra. Há sinais e sintomas prévios. O que é agora visível veio se anunciando há algum tempo. Às vezes, a pessoa se sente sobrecarregada. Mas logo se recupera bem. Mas, em algum momento, o feriado ou o relaxamento temporário não ajudaram. O indivíduo não tinha mais energia, nem vontade, para trabalhar. Quando pensava no trabalho, era imediatamente tomado por ansiedade: "eu não consigo, é demais para mim". Muitas vezes, o corpo reagiu com suor frio, insônia, fadiga crônica. É bom observar esse processo e, em seguida, perguntar com atenção pelas causas internas e externas que levaram a esse colapso.

Em minha opinião, há cinco causas que levam ao *burnout*. É claro que poderemos encontrar outras causas. Mas, de acordo com minhas observações das pessoas afetadas e da minha experiência em lidar com elas, estas cinco causas ou padrões são sempre recorrentes.

Perfeccionismo e pressão autoimposta

Já falamos das fontes turvas das quais bebemos. Em primeiro lugar, haurimos de fontes turvas localizadas em nós mesmos. Uma fonte turva é, por exemplo, a pressão interna a que nos expomos e que nós mesmos produzimos. Nesse sentido, podemos mencionar o perfeccionismo. É bom fazer alguma coisa bem ou até mesmo perfeitamente. Mas se quero fazer tudo 150%, então consumo energia em excesso para trabalhos simples. Meu trabalho não flui. Perfeito significa "completo", "rematado", denotando, portanto, algo bem-sucedido com o qual posso me alegrar. Hoje, as imagens de perfeccionismo provêm menos da alegria do trabalho acabado do que do campo jurídico. Refiro-me ao julgamento de uma ação e ao medo de uma condenação com consequências: Alguém pode lançar críticas às minhas ações? Podem ser juridicamente atacadas? Não se trata, portanto, da boa obra, mas de saber se alguém pode encontrar defeito nela e usá-lo contra mim, me processar. Este perfeccionismo "legal" nos paralisa. Também nos impede de fazer coisas boas e bonitas, quando estamos obcecados com possíveis erros e não olhamos mais para a coisa ou a pessoa em questão.

O perfeccionista tem de verificar tudo novamente, olhar para trás várias vezes para ver se está bom o suficiente. Para essas pessoas, Jesus disse: "Ninguém que põe a mão no arado e olha para trás é apto para o Reino de Deus" (Lc 9,62). É uma bela imagem que Jesus usou aqui. Quem ara olha para a frente. Está totalmente presente, envolvido na coisa. Confia em seu sentimento interior de que está arando um sulco em linha reta. Quem olha para trás várias vezes para controlar o sulco, para ver se ele realmente está reto, desperdiça sua energia em vão. Tal pessoa é dominada pelo ego ansioso e não pelo olhar libertador para além de si. Este espaço de liberdade é o que Jesus tem em mente quando fala do Reino de Deus. Quem não é capaz dele não tem espaço para Deus. Deus é uma fonte que nunca secará. Se haurimos da fonte divina do Espírito Santo, a energia flui para dentro de nós. Mas essa fonte nos afasta do controle incessante com vistas a satisfazer o perfeccionismo de nosso próprio ego. Pessoas que sofrem de *burnout* geralmente se queixam de pressão. É preciso, antes de tudo, fazer algumas distinções e identificar a causa. Existe a pressão exercida de fora sobre nós, e existe a pressão que vem de nós mesmos. Uma fonte turva é certamente a pressão constante que impomos a nós mesmos. Há pessoas que se colocam sob pressão desde a infância. Elas vinculam a autoestima a condições que elas mesmas criam: "Sou bom apenas se..." Ou elas se colocam sob a pressão temporal de acabar tudo com mais rapidez. Pode ser alguma coisa totalmente cotidiana. Uma mulher me conta que, na hora de passar roupa, se coloca sob a pressão de fazer tudo mais rápido. Outros se colocam sob a pressão de, em tudo o que executam, fazer algo que seja suficientemente bom aos olhos das outras pessoas. No local de trabalho, esta pressão frequentemente significa que mais e mais coisas devem ser feitas ao mesmo tempo. Aqui a pressão externa encontra a pressão interna dos perfeccionistas. Há pessoas que, por natureza, se colocam sob pressão em tudo o que fazem. Se estão em algum grupo, acham que são obrigadas a dizer algo sensato, para competir com os outros. Essa natureza se origina muitas vezes na infância. As pessoas assimilam a pressão que os pais lhes impunham. Nesse aspecto, a psicologia fala de instigadores internos: seja rápido, seja perfeito, seja bem-sucedido, não descanse. Há sempre algo para trabalhar. Há sempre uma exigência em nosso campo de visão. É preciso constantemente provar a própria capacidade por meio do trabalho. Mas essa atitude me impede de realmente mergulhar no que devo fazer. Dou muito valor ao que as pessoas ao meu redor pensam do meu trabalho. Isso me bloqueia e consome muita energia. Nesse sentido, o teólogo e psicólogo Henri Nouwen fala de segundas intenções que temos no trabalho. Não nos envolvemos com o trabalho, mas em vez disso estamos constantemente pensando em nos afirmar e fazer boa figura perante os outros.

Quem é externamente guiado fica doente

Em segundo lugar, caímos em estado de *burnout* quando nos deixamos guiar por instâncias externas, quando somos guiados pelos outros em tudo o que fazemos e não vivemos a imagem pessoal que corresponde à nossa essência e nos torna intimamente livres e autônomos. Isso acontece quando nos pautamos excessivamente pelas imagens que os outros têm de nós. Cada pessoa é uma imagem única que Deus fez dela. Quando estamos em contato com esta imagem original, então estamos simplesmente presentes e nos deixamos envolver no trabalho, por exemplo. Ele então pode fluir. Mas, quando queremos satisfazer a imagem que os outros têm de nós, consumimos muita energia. Isso também se reflete no fato de que não vivemos a partir de nosso próprio centro interior, mas só queremos atender às expectativas dos outros. Naturalmente, em nosso trabalho estamos sempre sujeitos a expectativas e, via de regra, inseridos em contextos que não fomos nós mesmos que definimos. Não podemos negar isso e temos de aceitá-lo por princípio. Mas, quando nos deixamos oprimir pelas expectativas, somos espremidos e explorados. Devemos responder às expectativas, mas não satisfazê-las. Fazemos nosso trabalho de uma maneira que corresponda ao nosso ser mais íntimo. Assim estaremos no fluxo. Se quisermos apenas atender às expectativas do chefe ou dos colegas de trabalho, haverá muita perda de energia. Não é incomum que as expectativas do patrão e dos colegas de trabalho sejam diferentes. Além disso, estamos expostos não apenas às expectativas no mundo do trabalho, mas também – por exemplo – às expectativas e necessidades da família. E as expectativas e os interesses da família são sempre contrários aos da empresa. Meu marido, minha esposa e meus filhos querem que eu volte com pontualidade para casa e tenha tempo para eles. Por outro lado, o interesse da empresa é que eu ainda termine este ou aquele trabalho, sem levar em conta o fim do horário de trabalho. O indivíduo que foca muito nas expectativas do mundo ao redor e sempre se coloca sob a pressão de cumprir as expectativas dos outros e agradar a todos sobrecarrega a si mesmo. E incorre no risco de prejudicar a saúde. Ele se vê desafiado por diferentes expectativas de todos os lados e não sabe como lhes fazer justiça. Isso o paralisa. Surgem sentimentos de culpa que lhe roubam ainda mais energia. Quem constantemente sofre com o sentimento de culpa de não ter cumprido as expectativas do chefe ou da família perde toda a energia. Sentimentos de culpa nos deixam com péssimo estado de espírito. O chão seguro sob nossos pés fica instável. Perdemos o apoio.

Construir fachadas nos rouba energia

A terceira causa de *burnout* é, em minha experiência, o fato de empregarmos muita energia na construção de uma fachada: energia que nos fará falta quando tivermos de lidar com a realidade. É um círculo vicioso: temos medo de nos mostrar como somos e preferimos nos esconder atrás de uma fachada que tentamos manter erguida com todas as nossas forças. Por trás dessa atitude encontra-se uma autoavaliação pessimista. A terapeuta Louise Reddemann fala neste contexto de "identidade falha", querendo dizer: olhamos para o que *não* temos e o que *não* somos, em vez de olhar para o que *temos* de recursos próprios e possibilidades positivas em nós. Nós olhamos para o que aparentemente "nos falta" e assim nos orientamos por uma (suposta) falta. Temos a impressão de que não devemos ser como realmente somos e que precisamos manter em segredo o que contradiz a imagem que queremos oferecer ao exterior. Isto leva a construir uma realidade aparente, própria para impressionar os outros.

Uma mulher me disse uma vez: "Não posso buscar o silêncio. Pois um vulcão entra em erupção dentro de mim". Eu lhe respondi: "Se você vive com esta imagem, você consome grande quantidade de energia para manter o vulcão constantemente reprimido. Esta energia lhe faz falta no trabalho. E você está constantemente sentada sobre um vulcão, com o temor de que ele, apesar de toda proteção, possa irromper novamente". Esta mulher tinha uma imagem de si mesma que lhe roubava muita energia, porque fixava sua atenção no que há de ameaçador em seu interior. Quem coloca muita energia em sua fachada sentirá falta dessa energia no trabalho. Além disso, está sempre com medo de que a energia gasta na fachada seja vã: talvez os outros vejam o que há por trás de sua fachada. Percebemos um exemplo de tal atitude quando alguém menospreza a si mesmo ou ao seu próprio desempenho, dizendo: "Até agora só tive sorte, não realizei absolutamente nada..."

Quem passa por cima do próprio cansaço vive em perigo

A quarta causa de *burnout*: ignorar o cansaço. Fico cansado depois de trabalhar muito. É uma reação boa e saudável do meu corpo quando sinto cansaço e quando admito para mim mesmo que estou cansado. Tenho o sentimento de que este é um bom cansaço. Trabalhei para Deus e para as pessoas e agora tenho direito ao descanso. A fadiga é um convite para relaxar, para ir buscar o que necessito agora: lazer, sono, conversa, música ou uma caminhada. O cansaço também nos faz outro convite: agora não preciso fazer mais nada. Agora vou usufruir a inatividade. Não me defino o tempo todo por meu desempenho. Por hoje já fiz o suficiente. Agora está bom assim. Agora me liberto de todo trabalho. Mas quem não ouve o próprio corpo e não percebe e desfruta o cansaço, mas o ignora e logo o cobre com novas atividades, em algum momento sofrerá um *burnout*. Por trás dessa omissão se encontra o medo de reconhecer seus limites. Quero provar para os outros que eu tenho uma resistência ilimitada. Exijo de mim mesmo estar sempre em forma. Então tenho de reprimir a fadiga com café ou outros estimulantes. É perfeitamente legítimo tomar café para superar uma fase de cansaço na reunião. Mas o perigo surge quando isso se torna um expediente duradouro. Daí não fico mais cansado de uma maneira normal, mas realmente exaurido. Passo por cima de meu próprio ritmo e vivo contra a minha natureza. Com frequência, o cansaço ignorado produz fadiga crônica e, finalmente, um *burnout*.

Causas de doença no sistema

A quinta razão para o *burnout* deve ser procurada no âmbito sistêmico. Isso soa abstrato e também pode significar coisas bastante diferentes, mas pode descrever, num sentido muito concreto, influências que me puxam e me desgastam. Eu perco minha energia, quando vivo meu trabalho na empresa como algo sem sentido. Ou quando sofro assédio moral na empresa, quando os outros não "veem" o que eu realizo, quando as estruturas injustas estão presentes ou competições injustas ofuscam o cotidiano profissional, isso tudo é um potencial motivo para que eu perca minha energia. Alguns, já pela manhã, se dirigem à empresa com uma imagem negativa: Quem vai gritar comigo hoje? Ou: Que tipo de *bullying* o chefe arquitetará dessa vez contra mim? Quando não há comunicação de objetivos claros, quando o tempo todo aparecem diretrizes conflitantes, ou quando não tenho uma missão inequívoca, mas sou constantemente empurrado de um lado para o outro e me sobrecarregam com todas as coisas possíveis – isso tudo rouba minha energia. Se as esferas de funções são facilmente estendidas, a carga de trabalho aumentada e o tempo predefenido é ampliado, porque as pessoas e seu desempenho no trabalho são avaliados somente pela relação custo-benefício, ou seja, reduzidos ao seu "valor" econômico, e quando não posso fazer nada contra isso nem posso me defender – isso também, com o tempo, consome minhas forças.

Outros fatores também podem ser prejudiciais, fatores que, à primeira vista, não pareciam negativos de modo algum. Às vezes, até mesmo ideias positivas podem mudar de figura. Isso ocorre quando elas levam a uma sobrecarga. Os chamados sistemas de remuneração relacionados ao desempenho são introduzidos com cada vez mais frequência, sistemas que aparentemente recompensam o sucesso pessoal, mas, na realidade, veem a avaliação de minha atividade só em termos de valor monetário. Ou se introduzem sistemas que, sob a égide da autorresponsabilidade, praticam um controle indireto que realmente me leva a assumir deveres sem limite: quando, por exemplo, sob o signo do "horário de trabalho baseado na confiança", o tic-tac do relógio não cessa em nossa cabeça e estamos o tempo todo nos impelindo internamente para não abusar da "confiança" presenteada. Se não vou satisfeito para o trabalho nem internamente motivado, mas o vivencio como fardo e como ameaça, isso me exaure. Quando, apesar de todo meu empenho, uma "espada de Dâmocles" de um ambiente de trabalho inseguro paira sobre minha atividade, quando sinto que minha posição está em risco, mesmo que eu dê o máximo de mim, isso leva embora minha motivação interior e minha força. Não só situações externas, como o *bullying*, me roubam energia, mas também às vezes um trabalho sem sentido. Não sei para que este trabalho é realmente bom. Ninguém "vê" o que estou realizando. Wolfgang Schmidbauer constatou que os limites físicos e emocionais são percebidos como particularmente onerosos quando não há reconhecimento. Posso trabalhar muito, mas, quando não experimento reações positivas, minha motivação acaba por se perder. E isso vai custar mais força ainda.

Outra causa de *burnout* é que ainda não aprendi a lidar com decepções e ofensas. Gosto de trabalhar muito, mas se não sou reconhecido ou sou constantemente criticado ou até mesmo magoado, a motivação afunda. Isso muitas vezes leva a crises de saúde. Muitos que trabalham na área social ajudam pessoas com traumas psíquicos. Mas tais pessoas são, frequentemente, incapazes de demonstrar gratidão. E o próprio assistente social se ofenderá com isso, se não tiver encontrado uma maneira de lidar com esses traumas, ofensas e decepções.

Até mesmo essas causas sistêmicas têm seu fator deflagrador em nossa constituição natural como seres humanos. Pesquisas sobre o cérebro dizem que o desejo de pertença e ressonância, de aceitação e apreciação está profundamente enraizado em nós. Nós precisamos – já na primeira infância, mas também mais tarde – dessa ressonância positiva, a fim de sobreviver. Se ela não vem, ficamos doentes. Isso nos faz pensar no que está sendo constatado com frequência cada vez maior no mundo do trabalho: além da crescente intensificação do trabalho e do aumento da pressão sobre prazos, também foi citada a "falta de reconhecimento social e humano por parte dos superiores" numa pesquisa com executivos realizada em 2012. Num artigo para a *Spiegel* online, 29/05/2012, Klaus Werle, com referência a essa pesquisa, apontou a má liderança como uma das principais causas de *burnout*. Ele conclui: "O aumento de doenças ligadas ao *burnout* é também um resultado da má liderança. Não é o trabalho em si que adoece, seja em forma concentrada ou flexibilizada, mas a sua má organização. Pois a pressão sobre prazos, metas de poupança e aumento permanente de eficiência não podem sofrer objeção nem das empresas (que se encontram em concorrência global), nem dos executivos individuais (que têm interesse primordial no sucesso da empresa). Mas o que pode ser alterado e, além disso, poderia ter efeitos nítidos sobre a satisfação com o trabalho e diretamente sobre o número das doenças relacionadas ao *burnout* é a cultura de uma empresa. Em particular, a cultura de gestão".

Ainda voltaremos a discutir esse tema.

Rituais

Ao voltar do trabalho para casa, deite-se por 15 minutos em sua cama. Ajuste o despertador para aproveitar bem esses 15 minutos sem perturbação. Deixe de lado o trabalho, as expectativas que as pessoas têm a seu respeito. Desfrute o tempo que pertence apenas a você agora. Sinta o peso que vem de seu cansaço. Você se sente apoiado. Imagine: neste momento, não tenho que fazer coisa alguma. Simplesmente estou aqui. Então sinta-se a si mesmo. Agora você não precisa estar em forma. Você pode desfrutar sua fadiga. Quando o despertador toca, você pode se espreguiçar e – assim espero – levantar-se revigorado. Então você terá vontade de fazer o que está esperando por você em casa: dedicar-se aos filhos, ao cônjuge, ou às tarefas exigidas pelo ambiente doméstico. Ou talvez você queira ir a um concerto ou ao cinema.

Fique de pé, com os pés na linha dos quadris. Então, imagine como você se enraíza cada vez mais no chão com as solas de seus pés, como uma árvore cava suas raízes na terra. Sinta o seu centro na região pélvica. Agora imagine que o corpo se abre para cima como uma árvore, como se Deus, por assim dizer, o endireitasse lá de cima. Como uma árvore desenvolve sua copa, você igualmente se abre para o céu. Como uma árvore que não pergunta por que está de pé ou para quem deve parecer bem. Você simplesmente fica bem para você mesmo. Se quiser, você pode recitar frases como: "Eu tenho o poder de ficar de pé. Posso suportar qualquer coisa. Tenho um ponto de vista. Estou do meu lado. Apoio a mim mesmo". Nessa posição ereta cresce a autoconfiança. Você para de se colocar sob pressão. Você não precisa provar suas habilidades. Você simplesmente está aí de pé. E isso é bom. Se quiser, pode também recitar lentamente versículos do Salmo: "Lança teu fardo sobre o Senhor. Ele te manterá de pé". Ou: "Sempre tenho o Senhor diante de mim. Com ele à minha direita não serei abalado". Em pé, talvez seja mais fácil imaginar a realidade que se encontra nestas frases: Encontro-me em segurança em Deus, repleto de confiança e grato pelo valor que tenho de Deus e em Deus.

3
Autoimagens que nos esgotam

Imagens que são grandes demais para mim

Se observarmos com mais atenção as cinco causas de *burnout*, veremos que em última análise são sempre imagens negativas que produzo para mim numa situação estressante, que são culpadas de minha exaustão ou a intensificam de tal maneira que ela se torna doentia. Pode-se dizer que o *burnout* é sempre um evento relacional. Tem a ver com minha relação comigo mesmo e com as outras pessoas. E esta relação se exprime em imagens. Tem a ver com as concepções que elaborei de mim mesmo e da minha vida, mas também com as concepções de outras pessoas. Tem a ver com minhas idealizações, com as quais vivo inconscientemente. Além disso, elas são dependentes das expectativas que tenho para a vida e que os outros têm a meu respeito. Eu gostaria de descrever abaixo algumas imagens que promovem o *burnout*. Certamente, há outras imagens diferentes. É importante ver como funcionam e como afetam nossa saúde. Só assim será possível reduzir seu impacto.

Há, por exemplo, as imagens pessoais que me esgotam: a imagem do perfeccionista, a imagem do ambicioso, a imagem da "pessoa que agrada a todo mundo". Podem ser imagens grandes demais para mim. O psiquiatra suíço Daniel Hell, que pesquisou intensamente a depressão, diz que as depressões – e o *burnout* está frequentemente ligado a aspectos depressivos – muitas vezes são um grito de socorro da alma diante de imagens grandiosas que temos de nós mesmos. Ele está se referindo, por exemplo, à imagem de que devemos ser sempre perfeitos, sempre bem-humorados, sempre legais; ou à concepção de que devemos sempre ser bem-sucedidos, ter tudo sob controle, sempre ver tudo de maneira positiva. Se vamos para o trabalho com imagens grandiosas de nós mesmos, viveremos, em última análise, sob alta tensão. Estaremos sempre com medo de despencar, de não poder concretizar essa grande imagem. Muitas vezes, essas imagens são perfeitamente esperadas: o trabalhador sempre diligente, o tempo todo disponível, criativo em vários aspectos e resistente – essa imagem é desenhada como ideal em anúncios de emprego.

Querer agradar a todos

A imagem do querer agradar a todos deriva, na maioria das vezes, de nossa própria história de vida. Na família o indivíduo só era reconhecido se pudesse, ou quisesse, agradar a todos. No ambiente em família essa imagem de uma vida bem-ajustada é totalmente factível. Conseguimos de algum modo conciliar os desejos dos pais e dos irmãos. Mas na escola isso muitas vezes provoca conflitos. Lembro-me de uma aluna que ia muito bem na escola – e, de repente, tornou-se um fracasso escolar. Tudo começou "normalmente": ela gostava de aprender e tirava boas notas. Queria agradar a todos: professores, pais e colegas. Mas, em algum momento nesse amplo campo de pretensões, as coisas começaram a desandar. As expectativas dos pais e professores iam mais ou menos na mesma direção. Mas quanto mais ela desejava cumprir essas expectativas, mais ela era rotulada como *nerd* e rejeitada por seus colegas. Como consequência, ela subitamente perdeu todo o interesse em aprender e teve uma queda acentuada em seu desempenho. A imagem que ela possuía de si mesma fracassou. No começo, essa imagem a empurrou para a frente, mas depois a sugou e lhe tirou todas as forças. As expectativas dos pais e dos colegas de classe eram muito contraditórias. Ela não viu chance alguma de atender a essas expectativas ao mesmo tempo: uma condição que a esgotava internamente.

Dilacerado pelas expectativas dos outros

Uma força destrutiva semelhante é encontrada na imagem "Espero cumprir todas as expectativas que os outros têm a meu respeito". Se eu atender às expectativas das pessoas ao redor, serei amado e reconhecido. Nesse sentido, a imagem de satisfazer todas as expectativas também pode ser um bom estímulo. Mas, para alguns, as expectativas podem se tornar muito elevadas. Tornam-se uma pressão que pesa sobre mim, e sinto que não conseguirei atender a todas essas expectativas extremas. Isso me paralisa e me rouba energia. Para outros, as expectativas são contraditórias. Na empresa, as expectativas dos funcionários são diferentes das do chefe. Então novamente caio em conflito. Minha imagem me dilacera internamente. Pois não posso atender aos dois grupos de expectativas ao mesmo tempo. E muitas pessoas que tentam satisfazer as expectativas do chefe e dos colegas de trabalho entram em conflito com as expectativas provenientes da família.

Esse dilaceramento causado por diferentes expectativas pode ser vivenciado em diferentes grupos profissionais e justamente em pessoas dedicadas. Em professores, por exemplo, que se veem divididos entre as diretrizes da burocracia ministerial, as demandas e expectativas de pais ambiciosos e as necessidades dos alunos. Percebo esse estado interior especialmente nos sacerdotes que acompanho. Eles não necessariamente trabalham mais do que trabalhavam 30 anos atrás. Mas, quando se veem chamados para servir várias paróquias, passam a enfrentar as mais diversas expectativas. Uma paróquia espera que ele a trate como a paróquia favorita; a outra tem a mesma expectativa. Muitas vezes, as expectativas dentro de uma mesma paróquia são diferentes. Há os grupos conservadores e os progressistas. E todos esperam do sacerdote que ele corresponda às suas concepções de pároco tradicionalista ou liberal. Mas esse é um *spagat* que não se pode sustentar por muito tempo. Alguns tentam. Mas logo experimentam grande decepção. Apesar de todo empenho e prontidão para fazer concessões, não conseguem satisfazer as expectativas. As pessoas não ficam contentes. Essas decepções roubam toda a energia do indivíduo. E muitas vezes ele cai num buraco e fica deprimido: pode fazer o que quiser, mas nunca será capaz de satisfazer as diferentes expectativas. Ele deve dizer adeus a esta imagem. Esse adeus é sempre doloroso e só é eficaz mediante o luto pela morte de tais imagens, que não são mais adequadas. Pelo luto eu chego à base de minha alma, onde posso buscar a imagem que corresponde à minha natureza e não reflete mais apenas as expectativas dos outros.

Em empresas familiares, o filho que vai assumir os negócios do pai é frequentemente confrontado com expectativas que o oprimem. Existem, por exemplo, as expectativas do pai de que o negócio continue a ser conduzido com o mesmo êxito que ele próprio obteve até então. Há as expectativas dos funcionários, que projetam sobre o sucessor a imagem que tinham do pai. Se o sucessor tentar atender apenas às expectativas do pai, acabará por perder suas forças. Ele não vive a partir de suas próprias forças e da imagem que lhe é adequada. Se quiser atender a todas as expectativas dos empregados, ele também vai se sobrecarregar. Isso não significa que ele deve ser indiferente às expectativas do pai ou dos funcionários. Deve lhes dar atenção. Mas também deve ouvir a si mesmo: Quais expectativas posso e quero cumprir, e quais não? Preciso me sentir livre para responder às expectativas de um modo que seja certo para mim. Caso contrário, as expectativas se tornam uma pressão. Por um lado, é bom que o pai e os funcionários tenham expectativas a meu respeito. Creem em minha capacidade. Dessa forma também me estimam. Mas, por outro lado, devo tornar-me interiormente livre, para ter a sensação de que dirijo a empresa de uma maneira que corresponde ao meu ser mais íntimo. Imprimo nela minha marca pessoal. Isso naturalmente exige prudência. O sucessor que modifica tudo só cria ansiedade e resistência. Se o sucessor, por seu estilo de liderança completamente diferente, desvaloriza o pai ou dá a entender que este fez tudo errado, perde o respeito de seus funcionários. Só posso viver meu estilo quando ao mesmo tempo reconheço e respeito o estilo de meu antecessor.

Autoimagens que são pequenas demais

Pequenas imagens de mim mesmo também podem me esgotar. Por exemplo, alguém vai para o trabalho com a seguinte imagem: sou muito lento, não consigo fazer o que se espera de mim. Essas imagens apequenadoras são, muitas vezes, mensagens que recebi dos pais e interiorizei. O pai sempre me transmitiu a ideia de que não sou homem de verdade, que eu não posso lutar, nem pegar firme. Ou a mãe me transmitiu que sou muito lento, sou desajeitado e sem habilidades manuais. Essas imagens emergem o tempo todo no trabalho e me paralisam; são imagens autodepreciativas que frequentemente se associam à valorização dos outros: os outros podem fazer tudo melhor. Eles entendem os problemas mais rapidamente, são mais ágeis no trabalho.

Outras pessoas vão para o trabalho com a imagem: "E hoje, o que vai acontecer? Em que conflito vou me meter?" Só pensam em eventos negativos – que muitas vezes acabam realmente por se concretizar. Na psicologia, isso é chamado de profecias autorrealizáveis. Quem já vai para o trabalho com sentimento que hoje tudo vai dar errado, que vai entrar em conflito com o chefe ou os colegas, supostamente também vivenciaria isso. Alguns fundamentam seus pensamentos negativos dizendo que, agindo desse modo, evitam decepções. Mas não percebem como esses pensamentos negativos os paralisam. O indivíduo carrega dentro de si a imagem da catástrofe que o ameaça. É, em última análise, uma disposição psíquica catastrófica que vai comigo para o trabalho. E então tudo se torna uma catástrofe. Qualquer pequeno erro parece um desastre. Em tudo, o indivíduo receia que as coisas tomem um rumo para o pior.

Quando a montanha parece muito grande

Outros interiorizaram imagens que aumentam a dificuldade do que eles precisam fazer. Há, por exemplo, uma imagem de montanha diante deles: uma montanha de trabalho que é difícil superar, uma montanha de problemas que aguardam solução. Quando vão para uma reunião, levam consigo essa imagem da montanha. Tudo pesa sobre eles como uma montanha que não conseguem eliminar. Os contos de fadas conhecem essa imagem da montanha, que nos põe diante de tarefas quase insuperáveis. Muitas vezes, aparecem animais que vêm para ajudar a eliminar a montanha. Na Bíblia também aparece a imagem da montanha. Jesus a retoma para nos libertar do fardo de tais imagens. "Eu lhes asseguro que se alguém disser a esta montanha: 'Levante-se e atire-se no mar', e não duvidar em seu coração, mas crer que acontecerá o que diz, assim lhe será feito" (Mc 11,23). A fé, a confiança de que não estou sozinho, mas me relaciono com uma realidade maior, diminui a montanha. Ela perde a dimensão avassaladora que tem para mim; a ameaça que ela deflagrou desmorona. Esta é uma consequência da confiança. Todos nós sabemos da fonte de energia que se encontra na confiança: não apenas na confiança em minhas próprias forças, mas na confiança nos outros. Pesquisas neurológicas constataram que uma relação de confiança faz com que os fardos não sejam experimentados com tanta intensidade, ou pode até mesmo derrubá-los. O jornal alemão *Süddeutsche Zeitung* relatou uma pesquisa realizada pelo neurocientista James Coan, da Universidade de Virgínia. Ele descobriu: numa excursão pela montanha, a subida parece mais plana aos participantes quanto mais longa e mais sólida é sua relação com o amigo ou parceiro que os acompanha. Não só a confiança em nossa própria força ou nas pessoas próximas é útil quando montanhas se levantam diante de nós, não só literal, mas figurativamente, mas também a confiança em Deus. Quando rezo antes de uma reunião difícil, já não vou tenso para ela. Não estarei diante de uma montanha que me esmaga. A oração gera confiança – e assim pode realmente "mover montanhas"; desse modo posso ir para a reunião com uma imagem diferente. Temos a seguinte imagem: não preciso resolver tudo. Estou bem preparado – reflito no que pode acontecer e confio que Deus dirige tudo para o melhor e também me inspira ideias que conduzem a uma solução.

A roda de *hamster* interna

Há muitas imagens que paralisam e nos roubam energia: um gerente vai para o trabalho com a imagem da roda para *hamsters* se exercitarem. Esta também é uma imagem que esgota quem a interiorizou. Ela significa: posso correr tanto quanto quiser, mas não saio do lugar. Corro como numa roda para *hamster*: ela gira, há algo acontecendo, mas não dá resultado algum. Meu trabalho não tem objetivo. Nunca acabo, não vejo fim nem sucesso. Corro de um compromisso para outro. Todos parecem importantes, mas de alguma forma tudo permanece vazio. É uma corrida na roda de *hamster*. Essa imagem captura bem a experiência da futilidade de minha ação – com todas as consequências correspondentes.

Na psicologia isso é chamado de instigadores internos, tais como: "Seja rápido, seja perfeito, tenha sucesso!" Esses impulsionadores nos exortam a trabalhar cada vez mais. E precisamos fazer o trabalho com mais rapidez, mais eficácia, com alcance ainda maior. Esses impulsionadores são frequentemente explorados pela empresa à medida que os índices de desempenho aumentam a cada ano. Mas em algum momento isso encontra um limite. Não se pode impelir o indivíduo a um desempenho sempre maior. Ele não é uma máquina que pode ser otimizada indefinidamente. Ele tem sua medida, que não pode ser ultrapassada. Tais instigadores se tornam exigências na área de administração de empresas: o lucro deve ser aumentado a cada ano. A energia aplicada tem de ser sempre maior. A empresa deve crescer sem parar. Um empresário que construiu sua empresa por motivos idealistas me disse como se sente oprimido por essa necessidade de crescer cada vez mais. Ele agora tem funcionários bons e comprometidos. Eles querem sempre buscar novas oportunidades no mercado. Mas isso significa: crescimento. E também significa: tomar novos empréstimos para tornar a empresa ainda maior. No entanto, o nível de dívida que uma pessoa pode assumir também não deve ser visto apenas como questão de gestão empresarial. Também tenho de olhar para minha própria capacidade e minha história de vida. Há pessoas para as quais as dívidas não são um problema. Elas a veem puramente como questão de administração empresarial. Para outras, contudo, elas são esmagadoras.

Elas têm em sua história familiar o instigador interno que lhes diz para fazer negócio sem dívidas tanto quanto possível. Para algumas famílias, dívidas são algo imoral: pesam na consciência. Para outras, no entanto, as dívidas compensam sua própria desmesura. Elas se enredam em dívidas cada vez maiores que em algum momento não conseguem mais saldar. Cria-se uma bola de neve de dívidas. No momento em que a empresa deve tomar algum crédito, pessoas que vêm de tais famílias lembram-se do antigo caos das dívidas familiares. Angustiam-se na presença de dívidas.

Nem todo mundo pode ser sempre o melhor

Alguns palestrantes motivacionais tentam convencer gerentes e funcionários de que devem ser sempre os melhores. Isso para mim é uma imagem doentia, porque não é realista. Nem todo mundo pode ser o melhor. Esta imagem provém do esporte. Todo atleta quer ganhar, é claro. Isso é muito bom. Mas só o atleta que pode perder é um bom atleta. Quem está fixado apenas na vitória cai num buraco quando, por um centésimo de segundo em que foi muito lento, se torna o segundo ou terceiro. Adotamos em nosso mundo do trabalho as imagens superlativas do esporte. Mas muitos ficam sobrecarregados com isso. Na ex-República Democrática Alemã havia muitos atletas inválidos, porque no passado tinham sido forçados a demonstrar alta *performance*, sem receber cuidados com sua saúde. Quem não tinha êxito era descartado. Algo semelhante parece estar ocorrendo em algumas empresas hoje. Muitos funcionários interiorizaram esses superlativos do esporte. Se não estão à altura de suas próprias imagens, recorrem – como os atletas – ao *doping*. Eles se estimulam com psicotrópicos ou outras substâncias estimulantes. Mas, então, muitas vezes, fica para trás apenas o perdedor que não consegue se habituar a esse papel.

As imagens do "sempre mais, sempre mais rápido, sempre mais alto" foram transplantadas do meio esportivo para nossa sociedade e nosso mundo do trabalho. Muitos interiorizaram essas imagens e se machucam com elas. Atletas americanos de ponta foram questionados se sacrificariam alguns anos de suas vidas por uma vitória nos Jogos Olímpicos. A maioria esmagadora dos entrevistados disse que sim. Obviamente, essa atitude é comum não só em esportes de alta *performance*, mas também no mundo do trabalho. Há pessoas, por exemplo, que se empenham cada vez mais para ser admiradas pelo público. Estão literalmente dispostas a entregar, sacrificar anos de suas vidas pelo sucesso profissional. Mas em algum momento vão cair, como humanos, à margem da pista. As imagens exageradas terão sido sua ruína. Deve-se deixar claro: cabe a nós escolher os valores que priorizamos em nossa vida. E, em certa medida, também podemos decidir quais imagens queremos adotar para nossa vida.

Insaciabilidade que nos sobrecarrega

Não há apenas as imagens pessoais que me esgotam, mas também imagens que me são impostas de fora; por exemplo, imagens que já se difundiram pela empresa e caracterizam todo seu comportamento. Muitas empresas interiorizaram, em grau cada vez mais amplo e intenso, imagens de crescimento contínuo, maximização do lucro, crescimento da receita. Essas imagens da empresa se depositam sobre os trabalhadores e os sobrecarregam. Muitas vezes, essas imagens são propagadas pela empresa em linguagem sensacionalista. O chefe requer engajamento cada vez maior. "Ainda não atingimos o máximo." "Dá para ir sempre mais longe." Esta insaciabilidade de imagens que a empresa cria para si mesma suga a energia dos funcionários. Em algum momento, eles perdem o interesse. Têm a impressão de que nunca conseguirão agradar ao chefe. Mesmo que a *performance* tenha aumentado em um ano, ela deve ser novamente ultrapassada no próximo. Este desmesurado "sempre mais longe, sempre mais" é uma imagem que sobrecarrega os funcionários e lhes rouba a vontade de trabalhar.

Muitas empresas introduziram pagamentos relacionados ao desempenho. Existem os chamados "bônus" para determinados resultados. Mas estes resultados são frequentemente tão elevados que mal são alcançáveis, ou podem ser atingidos apenas com grande dispêndio de energia. No entanto, esses objetivos predefinidos são sedutores. E, se o indivíduo se entrega a esse esforço, não é raro que se sobrecarregue. Há aqueles que se desvalorizam quando não atingem os resultados, se sentem fracassados. Isso paralisa, em vez de estimular.

Impulsionadores que bloqueiam

Os impulsionadores internos, de que fala a psicologia, têm sido utilizados com frequência nas famílias como forma de educação. Muitas imagens que carregamos em nós inconscientemente são moldadas pela tradição de nossas famílias. Muitas vezes se trata de provérbios que são repetidamente citados e se imprimem na alma da criança. Frases feitas que hoje se tornaram impulsionadores e me sobrecarregam, como, por exemplo: "Sem esforço nada se alcança", "quem não trabalha não deve comer", "faça alguma coisa e será alguém". Essas frases se fixam como imagens em minha mente quando são diariamente marteladas. Influenciam meus pensamentos e ações, mesmo que eu não esteja ciente delas. Algumas dessas imagens podem ser impulsionadores bastante positivos, capazes, por exemplo, de me arrancar de um período de inércia. Mas também podem me sobrecarregar. Conheço pessoas que não se permitem nada, incapazes de aproveitar um momento de paz. Acham que devem sempre estar fazendo alguma coisa. Caso contrário, não são nada. Devem a todo momento realizar algo, pois, do contrário, os outros poderiam dizer: "Este não faz nada, tem a vida ganha". Muitos interiorizaram esse dever de produção como coerção interna. Se não produzem nada se sentem inúteis. E ficam com medo do julgamento dos outros. Com o tempo, essas imagens internalizadas nos roubam todas as forças. Elas levantam bloqueios, que acabam por ficar tão grandes e intransponíveis que nos paralisam. E levam ao *burnout*.

RITUAIS

Sente-se confortavelmente numa cadeira. Feche os olhos e escute seu interior! Quais impulsionadores internos se manifestam? Quais imagens aparecem em você, que o afligem e sobrecarregam? Deixe os impulsionadores e imagens emergir com calma. Olhe para eles e fale com eles. Diga-lhes: "Sim, impulsionador, imagem, você foi bom para mim durante muito tempo, me fez progredir. Mas agora quero dizer adeus. Pois sinto que agora você já não me faz bem. Você provavelmente vai aparecer mais vezes em mim. Estou consciente de sua existência, mas agora opto por outra imagem, por outras palavras que hoje me fazem bem". E então continue a ouvir dentro de você. Emergem boas imagens que você poderia contrapor às imagens negativas? Aparecem outras palavras que lhe permitem fazer algo, em vez de pressioná-lo? Se não emergem boas imagens ou palavras, então considere ativamente: O que poderia me ajudar? Que tipo de imagem quero contrapor às imagens negativas, e com quais palavras quero responder aos impulsionadores?

❖

Outro ritual para o qual eu gostaria de convidá-lo pode ser feito em meio à agitação da vida cotidiana: no seu escritório, se você se sentir inundado por tarefas. Ou no carro, se o tráfego ruge ao seu redor. Ou enquanto espera o ônibus, ou até mesmo ao cozinhar e fazer trabalhos domésticos.

Fique por um momento parado e vá da cabeça ao coração e em seguida ao fundo de sua alma. Não é possível localizar no corpo esse fundo da alma. Mas simplesmente imagine que você, com sua atenção, vai até a parte inferior do abdômen, onde a respiração para no momento da expiração.

Imagine que, ali na profundidade, tudo está tranquilo dentro de você. E, a partir desta paz interior, observe tudo o que se move lá fora: os chamados, os desejos dos colegas de trabalho, os muitos e-mails que estão esperando por você, as perguntas das crianças.

Detenha-se por um minuto. Em seguida, afastando-se de seu centro retorne às atividades que você estava fazendo. Você verá que pode realizá-las de um jeito diferente. Seu trabalho não lhe tira a tranquilidade. Todo o movimento nasce da tranquilidade. Você não está mais na roda de *hamster*, mas no seu próprio centro.

4
IMAGENS DE RELAÇÕES QUE NOS ADOECEM

Imagens que temos a respeito dos outros

Não carregamos apenas imagens de nós mesmos em nosso coração. Também pintamos imagens a respeito de outras pessoas. Simplesmente não podemos viver sem pintar uma imagem do outro. Assim que me encontro com uma pessoa, uma imagem dela se constela em minha alma. Criamos concepções sobre os outros. Não podemos escapar disso. Não se trata de algo prejudicial. Mas é importante estarmos cientes dessas imagens. Então podemos reconhecer se as imagens internas dos outros nos ajudam a ver as habilidades e a dignidade deles, ou se nos impedem de reconhecê-los em sua peculiaridade. Há imagens em nós que definem o outro e o constrange num determinado esquema. Muitas vezes as imagens se tornam preconceitos, que não dão ao outro a chance de viver sua própria verdade. Nós lhe atribuímos uma determinada imagem que o define. Nós o forçamos a se deitar numa "cama de Procusto". Os gregos narravam o seguinte mito de Procusto: Procusto era um salteador de estrada que obrigava todos os viajantes a se deitar em sua cama. Os que tinham baixa estatura eram violentamente estirados. Os que eram muito altos tinham os membros amputados. Ambos, portanto, não tinham chance alguma e pereciam. Essa narrativa nos mostra o que nossas imagens podem ocasionar. Se cravamos o outro com imagens muito pequenas, nós empacamos sua vida. E, com imagens enormes, nós os prejudicamos da mesma maneira. Não vemos o real potencial que uma pessoa tem quando nos concentramos apenas em uma coisa – que muitas vezes é o lado negativo, ou o que falta a nós mesmos.

As imagens e concepções dos outros que carregamos em nós não moldam apenas nossa interação em pequena escala. Também moldam nossa sociedade. Em nossa sociedade, imagens são postas sobre as pessoas. E são elas que determinam se tais pessoas serão reconhecidas ou não. Isso vai tão longe que alguns não dizem mais que tipo de trabalho têm, porque a imagem de sua profissão não é mais "in" na sociedade atual. Mas todos querem valer alguma coisa. Por isso, o indivíduo nega sua profissão ou inventa para ela novas imagens que melhor correspondem aos atuais valores da sociedade. Nenhuma mulher que limpa escritórios ou casas se atreveria hoje a se designar como "faxineira". Em vez disso, ela está empregada no "ramo de limpeza" ou "administração doméstica". Até mesmo no convento as pessoas querem anexar uma imagem mais importante às suas tarefas. Minha tia virou ajudante de cozinha descascando batatas quando começou a sofrer demência – ela era professora antes de entrar no convento. Quando um convidado lhe perguntava qual era seu trabalho no convento, ela respondia: "Eu estou envolvida na concreta construção do mosteiro". Mesmo em sua demência, ela ainda precisava ligar seu trabalho a uma imagem que ficava bem aos olhos dos outros.

Valores e projeções

A seguir, eu gostaria de examinar algumas imagens que elaboramos a respeito de outras pessoas. Tais imagens sempre contêm uma valoração do outro. Muitas vezes, esta valoração ocorre de forma inconsciente. Portanto, é importante estar consciente das imagens, para então também poder modificá-las. Querendo ou não, eu elaboro uma imagem do outro. Mas minha responsabilidade é questionar continuamente essa imagem e, por meio da meditação, imaginar quem está por trás dela, quem essa pessoa realmente é e buscar sua verdadeira forma.

O chefe tem certa imagem de seus funcionários, e estes têm uma imagem do chefe. E também são essas imagens que definem como trabalhamos juntos e como vivenciamos o trabalho. As imagens que faço do outro imprimem-se, inconscientemente, no outro. A psicologia fala de projeções que sobrepomos no outro e que, então, turvam a sua própria autoimagem. Tais projeções acontecem primeiramente na família. Por exemplo, um pai vê seu filho não como o filho singular que ele é, mas vê nele tudo o que ele próprio não pôde viver. Mas se o filho tiver de compensar as deficiências do pai, ele, com grande frequência, se sentirá sobrecarregado. É imposta a ele uma imagem que não corresponde à sua essência. Ou a filha não é vista como a filha peculiar que é; ao contrário, a mãe projeta sobre ela suas próprias expectativas, e também seus próprios medos e ansiedades. Às vezes, é sua própria insegurança como esposa que ela transmite à filha. A autoimagem insegura da mãe atua sobre a autoimagem da filha e tolhe seu desenvolvimento. Ou então, são desejos exagerados: a filha deve satisfazer todos os desejos de mulher forte de sua mãe, para que esta possa, por meio da filha, mostrar ao mundo exterior o que ela mesma não realizou. Também há imagens da mãe em relação ao filho, ou concepções que um pai transfere para a filha ou lhe "dá" para a vida toda. Com frequência, a mãe vê no filho o príncipe, e o pai vê a princesa na filha. Mas estas imagens não fazem bem aos filhos. No mais tardar quando forem para a escola, já não serão príncipes e princesas, mas terão de confrontar seus colegas e se afirmar no meio deles.

O chefe e sua equipe

As imagens que projetamos nos outros também dependem das imagens que recebemos na família. Há, por exemplo, um chefe que ignora ou reprime todas as deficiências dentro de si. Ele projeta em seus empregados a inferioridade que sente em si mesmo. Ele vê nos funcionários todas as falhas que ele mesmo tem, mas não admite para si mesmo. Ele é desconfiado e vê no comportamento dos empregados erros onde não há nenhum. Os trabalhadores sentem que não conseguem fazer nada direito para o chefe. Podem fazer o máximo, mas sempre será muito pouco para o patrão, porque ele projeta suas próprias deficiências na equipe. E assim permanece um *deficit* em tudo o que fazem. Isso deixa os funcionários insatisfeitos e, com bastante frequência, os paralisa. Chefes que têm complexos de inferioridade, que colocam grandes exigências sobre os outros e ao mesmo tempo se sentem fracos, têm necessidade de apequenar seus funcionários. São incapazes de reconhecê-los. Estão focados em suas falhas e fraquezas e os expõe implacavelmente para desviar a atenção de sua suposta inferioridade pessoal. Tais chefes prejudicam seus funcionários. Eles os desvalorizam o tempo todo. Externamente, eles têm, com frequência, um ego grandioso: só eles são bons e todos os outros não valem muito. Caso os funcionários não tenham uma boa autoimagem, eles assumem a imagem de inferioridade que o chefe lhes sobrepõe. Geralmente essa dinâmica causa mais *burnout* entre os funcionários do que no chefe.

A desconfiança de alguns patrões em relação aos empregados leva a um comportamento de controle exagerado. O chefe controla minuciosamente o trabalho de seus funcionários. O âmbito de competência dos funcionários encolhe, eles se veem cada vez menos eficazes e ainda assim confrontados com expectativas desmesuradas. Na verdade, trata-se da desconfiança que o chefe tem em relação a si mesmo e projeta sobre seus empregados. Ele não confia em si mesmo. Se não estivesse sob vigilância ou sob pressão interna, não moveria uma palha. Se fosse um contratado, tiraria vantagens para si próprio. Ele projeta nos empregados todas as coisas que carrega em si mesmo. Como reação, eles se fecham; têm a impressão de que o chefe olha para tudo com lentes de suspeita, com óculos escuros, que faz desaparecer os trabalhos que foram efetivamente produzidos.

Compete ao chefe sempre rever as imagens que tem a respeito de seus empregados: onde estou projetando nos outros minhas autoimagens renegadas? Onde meu olhar é desfigurado por minhas lentes suspeitosas ou hostis? Então devo tentar afastar novamente meus preconceitos e considerar cada funcionário individualmente. O que vejo nele? Como ele é realmente? Qual é sua essência? São Bento exorta seus monges a ver Cristo em seus irmãos, mas também nos hóspedes, homens e mulheres, que visitam o mosteiro. Isso requer lentes diferentes: as lentes da fé. Não são lentes róseas através das quais acho tudo agradável. Pelo contrário, são lentes que permitem ver através da fachada, às vezes modesta, e descobrir o núcleo bom em cada indivíduo. Esta nova visão do outro o transforma. Agora ele pode acreditar no lado bom em si mesmo. Por meio de nossas imagens, nós, de certo modo, fixamos o outro. Nossas projeções provocam algo nele. Por isso temos a responsabilidade de olhar para o outro sem preconceito e com lentes de generosidade e confiança. Então vamos descobrir e até mesmo fomentar suas habilidades e seu núcleo bom. Em última análise, isto cria nas empresas uma cultura de reconhecimento mútuo e um clima que também possibilita um aumento de rendimento, porque o que é positivo será notado e apreciado. Isso não significa um clima de troca de amabilidades. Pelo contrário, com essa base, as deficiências podem e devem ser abordadas.

RITUAL

Escolha um de seus funcionários ou colegas de trabalho e reflita sobre ele. O que vê nele? O que o incomoda? Do que você não gosta? O que você acha antipático? O que lhe causa problemas? Em seguida, tente olhar por trás da fachada. Como é ele quando está sozinho? Que pensamentos o ocupam? Quais anseios estão por trás dos pensamentos? Em seguida, tente atravessar a fachada e descobrir o núcleo mais íntimo, que é bom. Pelo menos, no fundo da alma, existe o desejo de ser bom, ser feliz, o desejo de ser aceito e amado. Tente entrar em contato com esse desejo do funcionário. E então pergunte a você mesmo o que ele necessita para que esse bom núcleo se desenvolva.

Os funcionários e seu chefe

Não só o chefe constrói imagens a respeito de seus empregados, mas também os funcionários têm imagens a respeito do chefe. Elas também afetam a relação entre ambos. As imagens que os funcionários elaboram sobre o chefe são fruto, é claro, da conduta do chefe. Elas sempre têm uma base objetiva. Mas também aqui são frequentes as projeções. Os funcionários, por exemplo, que têm uma mágoa paterna, olham o chefe com essa mágoa. Eles têm uma desconfiança básica em relação a qualquer autoridade. Tudo o que ele faz ou diz: eles veem nas palavras e comportamentos do chefe basicamente uma rejeição deles mesmos. Eles presumem que ele disse tudo só para prejudicá-los ou ludibriá-los – não importa se foi um comentário positivo ou negativo. Funcionárias que trazem consigo uma mágoa materna também frequentemente enxergam o chefe apenas sob o prisma de quanto ele se dedica a elas ou não, de quanto tempo lhes devota, se ele as vê e as percebe. Se o chefe está ocupado com questões objetivas, elas veem isso como uma negligência em relação a elas. Ele então rapidamente ganha a imagem do gestor típico, que se importa apenas com dinheiro. Mas esta imagem não faz justiça a ele.

Não são apenas as mágoas paterna e materna que ofuscam nossa visão do chefe. Muitas vezes é também a criança em nós que se sente ferida quando o próprio patrão se comporta de forma semelhante ao nosso pai ou nossa mãe. Temos uma criança negligenciada em nós. Ela se sente constantemente ignorada pelo patrão, mesmo que este, objetivamente, trate todos os demais da mesma forma. Temos uma criança sobrecarregada em nós, que, já em idade muito precoce, precisou assumir responsabilidade pela família. Ela grita quando o chefe nos atribui uma nova tarefa. Ou temos em nós uma criança que não recebeu o que lhe era devido. Também sentimos que estamos recebendo do chefe menos do que ele dá aos outros.

Muitas vezes, o comportamento do chefe e as projeções dos funcionários sobre ele se misturam. Os funcionários fixam o patrão em imagens específicas, que o representem, é verdade, mas também são, em última análise, apenas uma pequena parte de sua verdadeira natureza. Quando eles o fixam numa determinada imagem, não lhe dão chance de viver outros aspectos. Estes simplesmente não são percebidos. Desse modo, há o chefe visto como uma máquina típica, desprovido de sentimentos. O chefe que é categorizado: só quer saber de sucesso, não tem escrúpulo algum. Outro é rotulado: ele tem um complexo de inferioridade. Outro: Ele é um covarde. Ele quer agradar a todos, mas não tem clareza. Todas estas imagens têm geralmente um ponto de referência na natureza do patrão. Mas são unilaterais e o definem. Quando tenho uma imagem tão negativa do chefe, nunca construirei uma boa relação com ele, nenhuma confiança poderá crescer.

> **RITUAL**
>
> Contemple sua relação com o chefe, com seu superior. Então pergunte a você mesmo quais são os velhos padrões que afloram. Você vê o patrão de modo realmente objetivo? Ou a criança ferida, negligenciada, sobrecarregada, carente interfere em sua visão do chefe? Ou as mágoas paterna ou materna ofuscam seu olhar sobre ele? Escute seu interior e pergunte a você mesmo: Que lembranças de minha infância afloram em mim quando penso no meu relacionamento com o chefe? Em seguida, tente apaziguar a criança ferida dentro de você e se distanciar por um momento das mágoas paterna e materna. Então veja o chefe com olhos limpos! O que você vê?

Como nascem essas imagens?

Em muitas empresas, a imagem do superior nasce na conversa dos funcionários. Fala-se sobre o chefe durante o intervalo. Fofocas na empresa frequentemente produzem imagens unilaterais. Não são discussões honestas, mas bate-papo onde os funcionários conversam de tudo sobre o patrão, projetando seus próprios problemas no chefe e fixando-o, desse modo, numa determinada imagem. E aqui as intenções podem ser opostas: às vezes, ele é o vilão, mas, por outro lado, espera-se tudo dele. "A firma não vai para frente porque o patrão é como é." Ou seja, com tal discurso, os funcionários transferem toda a responsabilidade para o chefe. Mas esse é um comportamento infantil. Cada funcionário tem responsabilidade na empresa, cada um em seu lugar. E cada um pode, portanto, contribuir para um melhor ambiente de trabalho e maior sucesso da empresa. Muitas vezes, o chefe se torna uma figura de projeção para os problemas dos empregados, uma espécie de bode expiatório, que recebe a culpa de tudo. Nessa situação, é tarefa do chefe não se deixar fixar por essas imagens, mas acreditar que seus funcionários são capazes de aprender, que estão dispostos a mudar a imagem do chefe se ele se portar de modo diferente. Mas é preciso muita paciência para enfrentar preconceitos rígidos. Só então os preconceitos podem ser lentamente dissolvidos, e o chefe pode, por meio de seu comportamento e seu discurso, implantar no coração dos funcionários a imagem que realmente corresponde à sua essência. Mas isso só se conquista por meio de ações. Só falar não adianta.

As imagens dos funcionários por parte do chefe derivam de seu próprio modelo de vida, que ele carrega em si, das projeções de seus lados de sombra reprimidos sobre os empregados. Mas muitas vezes elas também nascem nas conversas dos dirigentes de uma empresa a respeito de seus funcionários. Aqui também é frequente que preconceitos se tornem imagens genéricas. Os superiores devem ter muito cuidado com o que dizem. Quando falam com desprezo sobre seus empregados, formam dentro de si imagens negativas sobre eles. Ou reforçam entre si os preconceitos que têm dos empregados. A fofoca dos superiores obscurece sua visão dos empregados. E isso afeta inconscientemente as relações. Pois, mesmo que os superiores sejam amigáveis, os funcionários sentem instintivamente o que eles realmente pensam a seu respeito.

É igualmente importante saber quais imagens os chefes ou empregados têm dos clientes. Quando um funcionário do Banco Goldman Sachs falou em entrevista sobre os juízos negativos que muitos líderes neste banco norte-americano tinham sobre seus clientes, o banco tentou, por meio de um porta-voz, relativizar oficialmente estas declarações. Mas, obviamente, esse funcionário tinha atingido um nervo do banco. Quando os superiores falam desrespeitosamente dos clientes de seu banco ou sua empresa, isso não permanece limitado ao ambiente interno; ao contrário, a empresa passa a emanar uma aura negativa. E, em algum momento, os clientes deixam de tolerar a difusão de tais imagens sobre eles. No longo prazo, tal empresa não se mantém de pé. Vai perder seus clientes. Um consultor de negócios que em casa sempre falava com a esposa sobre os "gerente estúpidos" para os quais ministrava cursos subitamente deixou de ser requisitado. De alguma forma, o que falo sobre os outros também irradia até eles. E então eles se protegem de mim. Imagens negativas têm efeito sobre meu lado interior, criando bloqueios em mim. E também efeito sobre o exterior, na medida em que semeiam desconfiança e acabam levando ao fracasso.

RITUAL

Examine o que você diz sobre os outros, sobre o chefe, sobre seus empregados. Contemple suas palavras de um ângulo distanciado. Onde suas palavras revelam uma mistura de julgamentos e pré-julgamentos? Onde você valoriza, onde desvaloriza? Por que você gosta tanto de falar de fulano ou sicrano? Eles o fazem lembrar de seus próprios desejos e necessidades inconscientes? Eles vivem o que você proíbe para você mesmo? Ou o perturbam, porque o fazem se lembrar de suas próprias feridas? Então imagine: Como a partir de hoje eu poderia falar sobre essa pessoa específica? Como eu poderia falar com ela? Não controle suas palavras. Mas é bom prestar atenção em sua fala e lidar atentamente com a linguagem.

5

IMAGENS QUE INSPIRAM

Imagens que nos inspiram e conduzem a um engajamento positivo têm, a meu ver, três fontes.

A *primeira* fonte é a atitude positiva em relação ao que estou fazendo. Cabe a mim preparar uma imagem para o que eu estou fazendo. Pela manhã, preciso de uma boa imagem ao ir para o trabalho, uma imagem que me inspire pelo resto do dia.

A *segunda* fonte é nossa própria infância. Eu descubro uma imagem para minhas ações de hoje nos momentos em que, quando criança, eu me ocupava sem me cansar, em que eu gostava de fazer algo com paixão.

E a *terceira* fonte são as imagens que estão contidas em toda imagem profissional. Em qualquer profissão existe uma imagem arquetípica. A palavra alemã *"Beruf"* ("profissão") está relacionada ao termo *"Berufung"* ("chamamento"). Não exercemos um "emprego", mas abraçamos uma profissão porque nos sentimos chamados. Então gostaria de considerar essas três fontes de imagens.

Eu mesmo decido o que vejo

Eu mesmo decido como vejo o que faço. Também posso decidir qual imagem relaciono às minhas próprias ações. Mihaly Csikszentmihalyi relatou um estudo interessante. Ele observou o cotidiano de cerca de 1.000 crianças e explorou seu comportamento. O experimento que ele organizou foi o seguinte: "As crianças carregam um dispositivo sonoro, que toca um *beep* oito vezes por dia, e elas têm então de escrever imediatamente o que estão fazendo e se o que estão fazendo parece mais uma 'brincadeira', mais um 'trabalho', 'tanto um como outro' ou 'nenhum dos dois'" (p. 49). As crianças foram observadas durante anos. Mais tarde, os adultos que se encontravam em melhor situação eram aqueles que, quando crianças, viam o que faziam tanto como brincadeira, assim como trabalho. Mas aqueles que não viam trabalho nem brincadeira no que faziam tiveram os maiores problemas. Depende de nós, portanto, se vemos nosso trabalho apenas como tedioso e difícil ou também, ao mesmo tempo, como um jogo. A imagem que temos do trabalho depende de nós mesmos. Nós imprimimos uma imagem naquilo que fazemos. Quais imagens damos ao que fazemos é uma decisão nossa.

O psicólogo húngaro resume os resultados de sua pesquisa desta forma: "Nossa conclusão deste experimento de longa duração foi realmente que as crianças que não eram capazes de conceber suas ações, nem como jogo nem como trabalho, tiveram muito mais dificuldades mais tarde e, em geral, se tornaram adultos entediados, esnobes, desinteressados. Em contrapartida, as crianças que haviam reconhecido a dialética entre trabalho e jogo – segundo o lema "O que eu faço é bom para meu futuro, mas também é algo que me dá prazer" – levavam uma vida plena como adultos. Para elas, o conflito entre trabalho e jogo tinha se dissolvido – e isso foi a felicidade de suas vidas" (p. 50s.).

A primeira maneira de encontrar imagens inspiradoras para o meu trabalho depende, portanto, da minha atitude atual. Posso ver meu trabalho deste ou daquele modo. É minha responsabilidade contemplar com uma boa imagem o que me é dado. Boas imagens me permitem ver um sentido naquilo que faço e reconhecer o lado lúdico em minhas ações. Elas liberam meu olhar para as oportunidades criativas que tenho no meu trabalho. Mas, com frequência, sou eu que primeiramente devo descobrir onde se encontram essas oportunidades.

RITUAL

Pense no trabalho que você realizou ontem. Você o vivenciou como trabalho duro ou como jogo? Você pode imaginar vê-lo também como um jogo? Como você então o perceberia? Agora imagine o que você tem de fazer hoje. E reflita sobre como você também poderia ver o trabalho como algo que lhe dá prazer. Imagine que você pode moldar seu trabalho profissional criativamente como os jogos que você já inventava quando criança. Simplesmente se envolva no trabalho, veja o que decorre dele e tente moldar o todo criativamente. E então pergunte a você à noite: O trabalho me cansou ou me propiciou prazer? Obviamente, não se trata de escolher apenas trabalho que dê prazer. A arte consiste, antes, em moldar o trabalho que lhe é passado de um modo que você possa vê-lo como trabalho e jogo ao mesmo tempo.

Nossa infância pode nos inspirar ainda hoje

Fecho meus olhos e imagino: Quando criança, onde eu podia brincar durante horas sem me cansar? Onde me empenhava apaixonadamente por alguma coisa? O que gostava de fazer? O que me deixava fascinado? O que era capaz de me entusiasmar? Neurocientistas nos dizem que uma criança que se entusiasma por alguma coisa forma em seu cérebro sinapses que fortalecem sua criatividade e sua força interior.

De minha própria história de vida, lembro-me sobretudo de que, quando criança, inspirava-me a imagem de simplesmente experimentar coisas. Eu sempre aparecia com novas ideias do que eu mesmo poderia fabricar. Era apaixonado por trabalhos manuais e simplesmente experimentava o que era possível. Nem sempre funcionava. Com sete anos, eu simplesmente montei um banco com materiais simples, que, no entanto, quebrou quando meu pai se sentou. Apesar disso, eu sempre tentei coisas novas e não me deixei desanimar por fracassos. Essa experimentação segue sendo uma imagem que me motiva. Há pessoas que sentem medo quando confrontadas com uma nova tarefa. Elas querem se assegurar de que têm domínio de tudo ao redor. Querem ser instruídas com precisão para não cometer erros. Para mim, a experimentação, a tentativa sempre foram uma imagem importante. Mais tarde também encontrei inspiração em simplesmente experimentar coisas na administração e não me manter apenas nos trilhos predefinidos. Só quando experimento algo na prática posso ver se algo é bom ou não para mim e para os outros. Essa imagem da experimentação também me anima quando escrevo um livro. Conheço pessoas que têm fobia à escrita, porque controlam cada palavra e refletem como tais palavras se comportam ao lado de outras, se realmente dizem algo novo. Quando começo um livro, muitas vezes não sei o que sairá dele. Mas simplesmente experimento. Escrevo e, no escrever, algo surge lentamente.

As imagens que nos inspiravam quando crianças ainda poderiam nos inspirar hoje. Precisamos traduzir as imagens para nossa situação atual. Um homem me disse que gostava de brincar com peças de Lego, construindo casas e estradas com pessoas, carros e ônibus. Ele deu vazão à sua fantasia com peças de Lego. Mais tarde, essa imagem o motivou a construir algo em sua vida. Fundou uma empresa e a fez crescer com recursos modestos. A imaginação que ele desenvolveu quando criança brincando com as peças de Lego ajudou-o a iniciar sua empresa e criar algo novo, algo que não existia antes. Muitos fundadores de companhia já gostavam de modelar e criar coisas novas durante a infância. Eles abordaram a fundação de uma empresa com a confiança que experimentavam ao brincar durante a infância.

Uma gerente de hotel me disse que se entusiasmava com hotéis desde criança. Em seu aniversário de dez anos, ganhou dos pais uma estada de um dia no hotel. Isso a fascinou tanto que ela própria acabou se tornando gerente de hotel. Em nossa conversa, ela percebeu com clareza o que a fascinava tanto: dar um lar a estranhos, conceder-lhes a chance de descansar por algum tempo, cuidar deles, possibilitar-lhes um período agradável, adoçar e embelezar suas vidas. Essa certamente também era a imagem arquetípica da hospitalidade, inerente ao ser humano desde tempos primevos. Oferecer hospitalidade aos visitantes já era algo sagrado na Antiguidade, indo além da troca de dar e receber – abrigo em troca de dinheiro. Algo do fascínio da hospitalidade, o fato de que estranhos são acolhidos, de que estranhos se tornam amigos, de que, como diz a Bíblia, acolhemos o próprio Cristo no hóspede – tudo isso certamente ecoa em sua fascinação por hotéis. Como gerente de hotel, ela estava no mundo com o qual já se entusiasmava quando era criança. Por isso, ela encontra energia suficiente para, apesar de todas as desilusões com clientes exigentes e insatisfeitos, sempre criar um ambiente em que as pessoas se sintam em casa e possam experimentar um pouco do lar num local estranho.

RITUAL

Sente-se confortavelmente e feche os olhos. Tenta se lembrar de como e o que você jogava quando criança. Onde você podia brincar por horas sem se cansar? Onde estava presente com entusiasmo e dedicação? Não se limite às memórias, mas pergunte a você mesmo: O que realmente me fascinava naquela época? O que esses jogos, em que meu coração obviamente se absorvia, significam para mim hoje? Qual é seu significado para minhas ações atuais? Encare seus jogos como uma imagem daquilo que sua alma queria representar naquela época. Talvez você possa levá-la como imagem interna em tudo o que fizer hoje. Se você, por exemplo, construiu um mundo próprio em seus jogos, pense que, em tudo o que está fazendo hoje em dia – seja como pai ou mãe na família, nesta ou naquela profissão –, você sempre está construindo um mundo próprio ao redor. Ou se você gostava de brincar com locomotiva, pense no que você gostaria de movimentar hoje, onde você poderia interconectar os vários trilhos de sua vida. Se você brincava com bonecas, pense no que você representava e como você poderia criar, no encontro com as pessoas hoje, o mundo que você tinha em mente naquela época. Tente ver em todas suas brincadeiras infantis uma imagem do que você está fazendo agora. Se você entrar em contato com as imagens que seus jogos lhe mostravam, então talvez você sinta um novo impulso de energia. Você sente: Sim, esse sou eu. Esta é a minha maneira pessoal de viver, de trabalhar, de fazer a diferença neste mundo. Você vai sentir em você uma fonte de alegria e força, da qual pode beber para seu trabalho e sua vida.

Conferir sentido e valores à profissão

Posso buscar na minha infância imagens que me inspiram. Mas também hoje posso procurar, para minha profissão, imagens que me dão o sentimento de viver uma profissão importante. Isso para mim é a terceira maneira: em qualquer profissão existe uma imagem que me motiva a exercer esta profissão com prazer. Muitas vezes encontro imagens arquetípicas que me colocam em contato com o meu verdadeiro eu e a fonte interior que borbulha em mim. As imagens arquetípicas – diz Jung – me centralizam, me põem em contato com meu verdadeiro eu e me movem, me colocam em movimento. Fazem a energia fluir em mim.

Martinho Lutero cunhou a bela palavra "*Beruf*" ("profissão"), traduzindo, com isso, a palavra latina "*vocatio*", que na Bíblia se refere ao chamado de Deus ao homem. A raiz de "*Beruf*" é, portanto, o chamamento emanado de Deus. Mas para Lutero a profissão significa também a posição e o cargo do ser humano no mundo. Mestre Eckhart vê no trabalho secular uma missão divina ao mesmo tempo. Hoje muitas vezes falamos do emprego que temos. O "emprego" significa propriamente o trabalho ocasional, que estamos executando agora, ou uma posição que aceitamos rapidamente para ganhar dinheiro. A palavra "emprego", em última análise, não transmite uma boa imagem. É apenas um meio para um fim. Mas profissão é uma missão que caracteriza a pessoa e também lhe dá dignidade. Pois na profissão ele vive seu chamamento de Deus.

Dei uma palestra para os policiais que estavam no tiroteio ocorrido na escola em Winnenden. Depois do tiroteio também ocorreram muitas outras experiências difíceis: por exemplo, contar aos pais que seu filho sofreu um acidente fatal; proteger crianças que foram expostas a abuso sexual; o medo de missões perigosas; a incerteza de sair vivo ou não delas; ser insultado e ofendido por manifestantes que acreditam que só eles estão certos e que a polícia teria de justificar sua existência. Imagens salutares são necessárias para o momento presente: ou imagens arquetípicas que mostram a importância da profissão, ou os valores que dão ao trabalho reconhecimento e dignidade. A palavra "polícia" vem do grego *"polites"* = "cidadão" e *"politeia"* = "direitos civis, administração pública". A polícia serve para manter a ordem pública. Protege os direitos civis. Cuida para que os cidadãos possam viver numa cidade em paz e segurança. É uma tarefa arquetípica que existe em todas as culturas. Guardiões da ordem, protetores da paz e da convivência são necessários. Também podemos descobrir no significado original da palavra imagens que hoje podem motivar a polícia em sua tarefa muitas vezes difícil.

Mas também considero importante vincular o trabalho a valores. E para mim é sobretudo importante o valor ou a virtude da esperança. É valioso o que está imbuído de esperança e transmite esperança. Se percebo com clareza que eu, como policial, sou um portador de esperança, que transmito esperança às pessoas em minha área, esperança de segurança, esperança de paz, esperança de ordem e de uma vida ordenada, de confiabilidade, esperança de uma boa convivência, esperança de uma vida bem-sucedida, então posso sair todas as manhãs para o trabalho com um sentimento bom. Quando penso nos insultos a que estou frequentemente exposto como policial, isso me aflige. Ou quando penso nos perigos que poderia encontrar, isso me paralisa. Preciso de uma imagem de esperança que me inspire. Poderíamos imaginar o que sucederia a um país onde não houvesse policiais. A arbitrariedade não conheceria limites, o mal e a destrutividade poderiam se espalhar. Nós sentimos a diferença quando vamos para outros países onde a polícia não tem boa imagem. Há países onde a polícia é corrupta e atua com os criminosos. Nesse caso não se pode confiar em nada. Isso abre as portas para a injustiça. Uma boa polícia é uma bênção para um país. Sinto-me inspirado quando vou para o trabalho com esta imagem de bênção que levo ao mundo em minha profissão.

Toda profissão tem, em última instância, a tarefa de dar esperança: o arquiteto constrói casas que dão às pessoas esperança de um lar, de segurança, de comunhão, de proteção. O médico dá esperança de saúde e de uma vida feliz. O terapeuta dá ao cliente a esperança de que ele lidará bem com a vida. O professor não só ensina matérias, mas é para os alunos um representante da esperança de educação, de boas imagens, de uma vida plena.

RITUAL

Tire um tempo para refletir sobre a sua carreira. Você sente um chamado para essa profissão ou é apenas um emprego para ganhar dinheiro? Que imagens você encontra para sua profissão? Qual é o sentido que você descobre na sua profissão? E como seria dar esperança aos outros com sua profissão? Que esperança você pode despertar nas pessoas com sua profissão? Esperança de confiabilidade, de cooperação, de êxito na vida, de segurança, de proteção? A profissão é sempre algo que exercito com responsabilidade pelos outros. Você sente em sua profissão o vínculo com as outras pessoas? Imagine que você se torna uma bênção para os outros naquilo que está fazendo. E agora, como você experimenta seu trabalho?

6

O QUE NOSSA PROFISSÃO PODE SIGNIFICAR

Quase toda profissão carrega uma imagem arquetípica em si. Para mim, é importante tornar visível o significado arquetípico de cada profissão. A dimensão arquetípica de uma profissão também mostra que há nela um potencial de esperança e que toda profissão pode dar às pessoas esperança de uma vida plena. É bom se conscientizar do significado arquetípico e perguntar qual esperança emana de minha profissão. A seguir, eu gostaria de examinar algumas profissões de acordo com suas imagens arquetípicas.

Todo mundo conhece pessoas que se envolvem apaixonadamente no que fazem. Há, por exemplo, artistas que mergulham completamente em seu trabalho, médicos que veem sua profissão como uma vocação. Nota-se que eles gostam de trabalhar e que tudo flui neles. Vale perguntar por que há esse fluxo neles. Para mim, um dos motivos é que eles estão em contato com a imagem arquetípica que marca sua profissão.

Todos nós conhecemos profissões em que há uma dimensão arquetípica. Eu gostaria de levantar apenas alguns exemplos: médico, professor, padre, policial, advogado, juiz, terapeuta, educador, enfermeira, enfermeiro, agricultor, empresário, dono de restaurante e os muitos profissionais que oferecem algum "serviço" para as pessoas.

Esperança de cura e de uma boa vida

A palavra alemã *"Arzt"* ("médico") vem do grego *"archiatros* = "médico-chefe", que deriva do termo *"iatrein"* = "curar". O desejo de cura é inerente a todas as pessoas. Por isso, sempre depositamos no médico grandes expectativas; por vezes, vinculamos a ele imagens numinosas. O médico encontra pessoas que, em sua doença, estão abertas para imagens arquetípicas. Elas creem que ele é capaz de propiciar o milagre da cura. Isso naturalmente também pode ser um perigo para o médico. Ele não deve se identificar com essas imagens arquetípicas. Mas a imagem arquetípica pode colocá-lo em contato com as habilidades que estão latentes em sua alma. Independentemente de seus estudos, a imagem do médico deve vinculá-lo aos poderes de cura de sua alma, que ele só pode exercer em atitude de gratidão à capacidade dada por Deus. Um médico que se deixa guiar pela imagem arquetípica transmite ao paciente esperança de cura, de saúde, de uma vida boa.

A imagem arquetípica do *terapeuta* também está relacionada ao médico. Entendemos hoje como terapeuta alguém que procura curar a alma de uma pessoa mentalmente doente por meio de conversas e diversos métodos psicológicos. Em grego, "*therapeuein*" significa propriamente "servir, atender", mas também "suavizar, cuidar, dar tratamento médico, curar". Originalmente, a terapia consiste em servir o indivíduo para que ele encontre seu verdadeiro eu, ajudá-lo em sua busca de sua verdade interior e aliviar seu sofrimento. O terapeuta serve à vida de seus clientes, na esperança de que o padrão doentio de vida seja suavizado e o cliente experimente a cura por meio do acompanhamento. A imagem arquetípica poderia inspirar a alma do terapeuta e lhe dar confiança de que, por meio de seu serviço, o cliente encontrará sua verdade e sua cura. Ela o alivia da pressão de precisar, ele próprio, ser um curador e poder ele próprio curar. Ele está a serviço da cura, que para os gregos era sempre um processo espiritual e competia, em última análise, a Deus. Por isso, os gregos tinham seu próprio deus da cura, Asclépio. Ele opera o milagre da cura. E sempre é necessário o sagrado para que ocorra a cura. Assim, o terapeuta tem a tarefa de pôr os clientes em contato com o sagrado em si mesmos, com o espaço sagrado em si mesmos, em que eles já estão sãos e íntegros, em que estão livres das expectativas e julgamentos das pessoas e protegidos dos ferimentos e ofensas exteriores.

Conduzir à trilha da vida

A palavra alemã *"Lehrer"* ("professor") originalmente significa: seguir uma pegada, introduzir alguém no saber. O professor não ensina, mas aponta um modo como o aluno pode encontrar a trilha de sua vida. Isso corresponde à palavra grega para professores: *"kategetes"*, que significa "guia de caminhos". Um professor é, para os gregos, aquele que vai na frente, que orienta, que inicia. O professor cumpre o desejo arquetípico de orientação e de alguém que vai à frente no caminho e, com seu exemplo, transmite esperança de que os aprendizes o sigam neste caminho e, assim, encontrem sua verdadeira natureza. Aristóteles, por exemplo, o grande filósofo grego, é chamado de "kategetes". A palavra significa nesse contexto "o conselheiro espiritual e guia da consciência" (GRUNDMANN, p. 486s.). O professor não segue na frente por caminhos externos pelo fato de possuir mais informação e pela mera transmissão de conhecimentos. Ele também guia a consciência do aprendiz para que ele seja capaz de escutar sua própria alma, ouvir o que sua consciência, seu conhecimento interno (*"syneidesis"* = "o olhar conjunto interior") lhe diz. Nem sempre a autoimagem do professor atual condiz com esse significado. Por exemplo, podemos pensar numa professora que vai todos os dias para a escola com a imagem de domadora de leões. Não é de admirar que essa imagem a paralise e também dificulte a situação de aprendizagem no encontro com os alunos. Mas se ela figurar em si mesma a imagem arquetípica da professora, poderá entrar em contato com suas próprias habilidades. Sentirá a força interior em si e descobrirá em sua alma a capacidade de ir à frente dos alunos e conduzi-los ao encontro de sua verdadeira natureza. Esta imagem a inspira. Se ela, ao contrário, olhar apenas para as crianças difíceis e se fixar em sua própria incapacidade de manter a disciplina, será cortada das possibilidades que estão em sua alma. A imagem arquetípica do professor a põe em contato com essas habilidades. Desse modo, ela vai com mais confiança para escola e verá que é capaz de alcançar os alunos. Porque em cada um de nós reside esse desejo de encontrar a trilha de uma vida exitosa.

A palavra *"Erzieher"* ("pedagogo") refere-se propriamente àquele que extrai da criança sua essência, ou puxa a criança para fora do inconsciente e a leva ao consciente, para fora da imaturidade à maturidade. A palavra grega para isso é *paidagogos*. Este é aquele que guia e acompanha a criança e lhe ensina boa conduta. Clemente de Alexandria, no século II, descreveu Jesus como o verdadeiro pedagogo, que por seus ensinamentos e seu exemplo nos conduz a uma vida melhor. A profissão do educador ou pedagogo é antiquíssima. Nele se encontra a paixão de moldar as pessoas em sua forma única. Ele realiza o desejo de acompanhar uma pessoa em seu caminho para que ela concretize em si essa imagem única. Os educadores que estão cientes da imagem de sua profissão e se relacionam, em suas ações cotidianas, com essa consciência bebem de uma fonte inesgotável.

Endireitar e orientar pessoas

O juiz exprime outra imagem arquetípica. A palavra alemã "*Richter*" ("juiz") deriva de "*recht*" = "ereto, reto". O juiz é, portanto, aquele que endireita alguma coisa. Ele tem, em última análise, a tarefa de orientar as pessoas na direção de sua verdadeira natureza, de uma vida que corresponde à sua essência. Tem a tarefa de orientar as pessoas na direção de Deus. Ele deve produzir justiça. Deve cuidar para que algo seja correto de novo, tal como foi originalmente pensado. A palavra grega para "juiz", "*krites*", vem de uma outra imagem. "*Krites*" é aquele que separa, distingue, decide. Como é capaz de distinguir, ele se torna o árbitro. Ele julga a situação, distingue as diferentes opiniões e comportamentos e tenta juntá-las novamente de modo correto. A palavra alemã "*Richter*" refere-se, em seu significado original, à imagem de endireitar alguma coisa torta e colocá-la em ordem. A imagem grega espera do juiz que ele primeiramente desmonte tudo, separe, a fim de distinguir e depois decidir. Ele profere o veredicto, a sentença justa. Ele junta de nova maneira o que foi separado. A palavra "*krites*" ("juiz") está relacionada a crise, que também distingue algo para montá-lo de novo. Toda crise significa uma chance para os gregos. Desse modo, o juiz oferece a oportunidade de uma nova visão e um novo começo. A imagem arquetípica do juiz liberta os atuais titulares de cargos da angustiosa condição de não saberem ao certo se levaram em conta todas as leis e julgamentos e se suas atitudes são contestáveis. Em vez disso, ela lhes permite – pressupondo seu conhecimento técnico –

fazer a coisa certa: reorientar as pessoas em direção a Deus e à sua própria verdade, como também dividir alguma coisa para que um novo começo seja possível. Quando se deixa penetrar por essa imagem arquetípica, o juiz encontra inspiração para sua alma.

Viver a conexão com tudo

Outra imagem arquetípica é a do *camponês*, que ainda podemos evocar mesmo em tempos de reestruturação técnica e econômica do setor agrícola. Na Idade Média, a palavra alemã "*Bauer*" ("camponês") comunicava uma imagem negativa. Ela se materializa no vizinho grosseiro, rústico. Mas hoje a palavra "camponês" tem um tom bastante positivo: ele é aquele que cultiva a terra, que planta e prepara o campo. Este significado também era atribuído à palavra grega "*georgos*": aquele que cultiva a terra. "*Georgos*" pode ser o camponês, mas também o vinicultor. O próprio Jesus compara Deus a um "*georgos*", a um vinicultor, que corta a videira. Hoje, preferimos usar o conceito de agricultura, de agricultor. O agricultor é aquele que, com os frutos da terra, presta um benefício às pessoas. Um agricultor faz justiça à verdade da natureza, quando a trata de um modo condizente com sua essência. O camponês é, provavelmente, uma das mais antigas ocupações. O próprio Deus chama o homem para a agricultura: "Deus, o Senhor, tomou o homem e o estabeleceu no Jardim do Éden para o cultivar e guardar" (Gn 2,15).

Portanto, o homem tem a missão divina de cuidar da terra para que ela produza o fruto que Deus dá ao homem. No entanto, após a expulsão do paraíso o solo é amaldiçoado. E depois: "É com fadiga que te alimentarás dele todos os dias da tua vida" (Gn 3,17). Assim, o trabalho do camponês se torna fadiga, flagelo. Hoje, muitos grandes agricultores são empresários industrializados. Mas, como trabalham em grande parte na natureza, eles ainda fazem uma conexão entre a proximidade da natureza e a imagem interna do agricultor. Mihaly Csikszentmihalyi conta a história de uma camponesa italiana de 67 anos de idade que se absorvia completamente em sua profissão. Ela contou que "conversava com tudo e todos, com as pessoas, os animais, as plantas, as aves migratórias. Isso a deixava feliz e profundamente satisfeita" (p. 53). Essa profunda experiência de conexão protege contra o *burnout* – mesmo que o trabalho envolvido possa ser difícil e extenuante.

Criar comunhão entre as pessoas

Hoje em dia, mencionamos diversos serviços e empresas de serviços quando falamos sobre a indústria do turismo. Mas também sempre evocamos a velha imagem do hospedeiro. Este tem uma profissão quase tão antiga como a do agricultor. A Bíblia já lhe presta homenagem. Na Parábola do Bom Samaritano, o próprio Jesus fala de forma muito positiva sobre o hospedeiro. O samaritano conduz o homem, vítima de bandidos, a uma hospedaria e cuida dele:

"No dia seguinte, tirou dois denários, deu-os ao hospedeiro e lhe disse: Toma conta dele, e, se gastares alguma coisa a mais, eu te pagarei quando voltar" (Lc 10,35). A palavra alemã para hospedeiro *"Wirt"* vem de *"wahr"* ("verdadeiro", em português) e denota aquele que é digno de confiança, que gera confiança e proporciona um espaço de confiança e hospitalidade aos seus clientes. A palavra grega que Lucas usa na Parábola do Bom Samaritano é *"pandochos"*. Este é aquele que acolhe a todos que batem a sua porta. Mas também pode se referir a uma pessoa que absorve tudo em si, que aceita todos os lados em si mesma. Obviamente, uma coisa está ligada à outra. Só posso acolher outras pessoas, especialmente estranhos e viajantes, se eu tiver acolhido e permitido o estranho em mim mesmo. Essa profissão também guarda imagens arquetípicas que podem inspirar pessoas que atualmente trabalham na indústria do turismo ou no ramo da hotelaria. O hospedeiro é aquele que fornece às pessoas um abrigo, e isso significa: um espaço de segurança e confiança. Ele é aquele que acolhe a todos, que cria comunhão entre diferentes pessoas, que derruba fronteiras, estabelece relação com todas as pessoas e, desse modo, faz surgir uma boa convivência em nossa sociedade.

Cuidar das pessoas, suprir necessidades

O comerciante também tem uma profissão antiga, já mencionada por Jesus na Bíblia. Jesus compara o Reino dos Céus "a um comerciante que procurava pérolas finas.

Quando encontrou uma pérola de grande valor, vendeu tudo o que tinha e comprou-a" (Mt 13,45s.)

A palavra alemã *"Kaufmann"* ("comerciante") é derivada do termo latim *"caupo"*, que se refere ao taberneiro e ao barganhista que acompanhavam as tropas romanas e mantinham um ativo comércio com os germanos. A palavra grega *"emporos"* designa, por sua vez, aquele que viaja em um navio e negocia mercadorias. Dessa maneira, os gregos aliavam ao comerciante um homem que realiza longas viagens para levar as mercadorias de um país a outro, que, portanto, leva às pessoas o que elas necessitam para viver, mas não encontram em seu próprio meio. Aqui também se esconde uma bela imagem: cuidar de pessoas, para que suas vidas sejam enriquecidas de coisas produzidas em outros países, onde estão as plantas e as matérias-primas relacionadas. Na Idade Média, apareceu a imagem do comerciante honrado, que observa valores, negocia honestamente, é sincero e demonstra aos fregueses a honra que lhes é devida. Quando consideramos a natureza dessa profissão, também descobrimos nela imagens que podem nos inspirar.

Ajudar os outros a viver com mais facilidade

Hoje há muitas profissões novas que têm pouco a ver com as antigas profissões. Mas elas também, com frequência, guardam partes e aspectos arquetípicos e aspectos que, num sentido original, pertencem à condição humana, à vida.

Somos todos, desde o início e pelo restante da vida, dependentes de outras pessoas. Num sentido inteiramente elementar, viver significa: ajudar e ser dependente de ajuda, existir em cooperação e comunicação. "Serviço" é uma palavra que significa, num contexto social, prestar assistência, suporte, e também é aplicada a determinados grupos profissionais. Há, por exemplo, os prestadores de serviços. Essas pessoas servem aos outros. Isso não significa que eles se apequenam. Ao contrário, eles servem à vida e a uma boa convivência. Despertam vida nas pessoas a quem prestam serviço. Há também muitos prestadores de serviços que surgiram em torno do ramo da informática, homens e mulheres que auxiliam as empresas a desenvolver um bom programa para suas tarefas, facilitando e estruturando o trabalho. Agora também conhecemos um monte de profissões de aconselhamento e consultoria: o consultor bancário, o consultor de investimentos, o consultor de seguros, o consultor de cores, o conselheiro matrimonial, o consultor de negócios. Em quase todas as áreas de nossa vida, cada vez mais complicada, há atualmente profissionais especializados que oferecem esses serviços de consultoria como prestação de auxílio. Eles também trazem em si imagens arquetípicas que os transformam em algo mais e diferente de meros especialistas num setor. As pessoas muitas vezes não sabem o caminho que podem levá-las mais longe. Por isso precisam de outras pessoas que refletirão com elas sobre o que lhes é apropriado. Aconselhar também significa originalmente: cuidar de alguém e tomar providências. Os consultores e conselheiros querem ajudar as pessoas para que cuidem bem de si mesmas, para que a vida seja bem-sucedida e o futuro tenha planejamento. Diz o ditado: "Conselho bom é caro". É precioso quando as pessoas me dão bons conselhos, quando não me impõem alguma coisa, mas refletem junto comigo sobre o que necessito para tornar minha vida próspera.

Ajudar os mais fracos

Nossa sociedade baseada na divisão do trabalho contém muitas profissões de auxílio que também portam imagens arquetípicas. As profissões de ajuda incluem todas as profissões relativas ao cuidado: enfermeiras, cuidadores de idosos, assistentes sociais, assistentes da família. As profissões terapêuticas, médicas e pastorais também se incluem nas profissões de ajuda. Desde o famoso livro de Wolfgang Schmidbauer *Die hilflosen Helfer* (Os ajudantes sem ajuda), suspeita-se que tais profissionais ajudem os outros, embora sejam eles os que mais precisam de ajuda. Mas essa ameaça que paira sobre as profissões de ajuda (aliás, a noção de "esgotamento", de *burnout*, foi aplicada pela primeira vez nesse setor) não deveria apagar o lado positivo e arquetípico do auxílio. Ajudar outra pessoa, prestar auxílio a quem é incapaz de ajudar a si mesmo corresponde a um *ethos* humano elevado. Há muitas pessoas que gostam ardentemente de ajudar. Elas se entregam a essa atividade. Nossa primeira atitude quanto a isso não deve ser de desconfiança. Quem auxilia os outros e experimenta reconhecimento também ganhará com sua própria ajuda. Ele não dá porque precisa, mas porque gosta disso e porque se nutre constantemente de uma fonte interna de alegria. Há um ditado que diz: "Aquele que dá muito também precisa de muito". Naturalmente, existem pessoas que dão muito, gostam de ajudar os outros, porque elas próprias precisam de muito. Precisam de atenção, reconhecimento. Precisam sentir que são necessárias. Quem dá porque precisa acaba esgotando suas forças. No entanto, a pessoa que dá porque ela própria recebeu amor, porque dá a partir de uma fonte interna, também se beneficiará com isso. Ela experimenta a gratidão do receptor, e essa gratidão é um presente para ela própria. Mas ela não dá para receber presentes. Ela dá porque isso flui dela. E isso traz grande felicidade aos outros. Quem dá a partir desta atitude interior não cai num buraco caso sua ajuda não encontre agradecimento e reconhecimento. No entanto, quem aplica toda sua energia em ajudar porque ele próprio precisa de admiração, será empurrado para o chão caso não receba gratidão por sua ajuda ou até mesmo seja criticado.

Uma imagem arquetípica também se esconde na palavra "cuidado". O cuidador defende alguém, toma seu partido, preocupa-se com ele e cuida dele. O cuidador cria um espaço sagrado em torno do doente, um lugar especial em que pode se recuperar. Ele coloca as pessoas doentes ou deficientes em contato com o espaço sagrado em si mesmas, no qual são íntegras e sãs apesar da doença e da invalidez. Quem cuida dos outros cria um espaço de bem-estar. Protege as pessoas de modo que elas próprias encontrem seu verdadeiro eu. Proteger e cuidar são as tarefas primordiais que Deus deu ao homem na criação. O homem não deve cuidar apenas da natureza, mas também das pessoas que necessitam de cuidados. Cuidar dos outros e protegê-los nem sempre é fácil. Porque há pessoas doentes difíceis, que não se contentam com nada. Justamente então é importante que as enfermeiras e os enfermeiros estejam em contato com a imagem arquetípica do ajudar, do cuidar e do proteger.

Moldar o pensamento pela linguagem

Outra área profissional importante é aquela relativa à *comunicação*: jornalistas, repórteres, apresentadores de TV, radialistas, atores, diretores de teatro, entre outros – todos trabalham com a linguagem, a voz e as imagens. Eles influenciam a opinião da sociedade. Eles têm uma grande responsabilidade pela linguagem que é falada numa sociedade e que molda o pensamento das pessoas. Se o profissional da comunicação se conscientiza de sua responsabilidade pela linguagem, ele percebe como é grande seu poder de atuação numa sociedade. Ele não se envolve nos conflitos que existem na equipe editorial, com o dono do jornal ou os executivos de TV. Sente o fascínio de moldar pela linguagem o pensamento de uma geração e, também por meio da linguagem, ativar processos de transformação.

Tornar a convivência mais fácil e segura

Pessoas que fazem um trabalho que "mantém em movimento" o mundo da moderna tecnologia também precisam de boas imagens para que suas almas sejam inspiradas na área profissional: os *cientistas da computação, programadores, operadores de ações, bancários, administradores de empresa, engenheiros ou especialistas de outras profissões*. Se eles carregarem em si imagens significativas, sua profissão não lhes roubará energia; ao contrário, eles se sentirão revigorados. Todas estas profissões também contêm imagens inspiradoras. O cientista da computação, por exemplo, trabalha a serviço da informação, no sentido de criar condições para que as pessoas possam se comunicar umas com as outras de uma boa maneira. O programador tenta entender o fluxo de trabalho das pessoas e, usando a própria imaginação, procura desenvolver programas que moldem esses processos para que as coisas se tornem mais fáceis para todos. Obviamente, há pessoas nessas profissões que veem apenas o aspecto técnico-funcional no que fazem, ou que fazem tudo para ganhar o máximo de dinheiro. Mas quando, por exemplo, operadores de ações, bancários ou gestores de negócios se deixam guiar apenas pelo dinheiro, eles são cortados de sua fonte interior. O dinheiro pode ser uma força motriz por algum tempo. Mas não é fonte de energia que tenha efeito duradouro. No engenheiro se descobre a palavra *"ingenium"*, que significa "talento natural, perspicácia, inventividade". O engenheiro não apenas encontra soluções técnicas essencialmente novas no projeto de máquinas, na construção de casas e estradas. Ele serve à ideia de progresso, e sua profissão carrega, em nível mais profundo, a imagem de esperança: por meio de sua criatividade, ele transmite às pessoas a esperança de melhores soluções para seus problemas cotidianos. Em outras palavras: esperança de uma vida mais valiosa, mais leve e mais segura.

A profissão jamais é tudo

Por mais que as imagens arquetípicas sejam uma bênção para nossa própria profissão, devemos ter cuidado para não nos identificarmos com as imagens arquetípicas ou nos absorvermos por completo em nossa profissão. Precisamos sempre manter certo distanciamento em relação à nossa profissão. O professor que encarna a imagem de professor também em casa não será uma bênção para seus filhos. Estes precisam de um pai e uma mãe, não de alguém que os ensina o tempo todo. Em casa, o juiz deve se libertar do papel de juiz, a fim de ser plenamente humano. Quem se identifica totalmente com o papel de sua profissão perde a personalidade. Ele é apenas sua profissão. Isso não é bom nem para ele, nem para quem está ao seu redor.

Desempenhamos papéis e também devemos constantemente deixá-los de lado. Precisamos de distanciamento em relação aos nossos papéis profissionais. Mas também precisamos de distância em relação à profissão. Hoje se discute sobre o *work-life-balance*, do equilíbrio entre trabalho e vida. O trabalho e a vida precisam de um equilíbrio saudável. Se vivemos apenas da profissão, isso nos oprime. Precisamos de espaços que não sejam influenciados por nossa profissão. Os antigos falavam do ócio como um tempo livre em que era possível refletir sobre as coisas importantes da vida. Hoje falamos de espaços livres de objetivos, nos quais nos sentimos livres da pressão de ter de fazer alguma coisa para os outros. Precisamos de espaço para respirar. Isso é parte integrante do ritmo saudável do ser humano. Para tanto é necessária, de um lado, a vontade de se dedicar de corpo e alma à profissão e fazer com entusiasmo aquilo que o trabalho exige. Por outro, também é necessária a capacidade de distanciar-se da profissão e do papel profissional, para ser simplesmente humano. Eu não me reduzo à minha profissão, também sou pai ou mãe, sou marido ou esposa, sou essa pessoa única, que quer respirar, que gosta de jogar, caminhar, que faz música e ouve música, que sente prazer em falar das coisas que realmente me motivam. Preciso arranjar espaço para tudo isso em minha vida, para não correr o risco de mergulhar apenas em meu trabalho e me sobrecarregar de tal modo que sofra um colapso.

RITUAL

Pense em sua profissão. É uma profissão antiga, uma profissão com uma imagem arquetípica? Quais imagens afloram em você, quando pensa em seu trabalho? Há imagens que o movem, motivam, inspiram? Contemple o campo de palavras que está ligado à sua profissão. Pode ser que surjam novas imagens para aquilo que você realmente faz. E agora você vai fazê-lo de modo mais consciente. Você sente que, com sua profissão, pode dar uma resposta aos anseios fundamentais do ser humano. E sente que seu trabalho tem sido, desde sempre, uma fonte de bênção para as pessoas. Imagine como você, hoje, pode se tornar com sua profissão uma bênção para as pessoas com as quais e para as quais você trabalha.

7

As imagens-guia e os logotipos das empresas

Imagens criam identidade e identificação

Não é só o indivíduo que precisa de imagens que inspirem a alma, mas também o grupo em que vivemos e a empresa para a qual trabalhamos. Imagens conectam as pessoas e produzem uma identidade. Cada um dos funcionários se identifica com a empresa. Cada empresa tem suas características próprias, sua própria cultura especial. Podemos sentir o espírito que sopra numa empresa. Este espírito depende naturalmente dos valores que são vividos nela. Mas o espírito também é essencialmente influenciado pela imagem que a empresa encontrou para si e com a qual todos os funcionários se identificam. No entanto, essas imagens não devem apelar apenas à razão, mas penetrar profundamente no inconsciente, para que alcancem a pessoa como um todo e sejam eficazes de dentro para fora.

Essas imagens nem sempre são conscientemente formuladas. Muitas vezes, elas simplesmente evoluem. Mas é bom estar ciente dessas imagens.

Na empresa Daimler reinou por muito tempo entre os funcionários a seguinte imagem: "Daimler constrói carros bons e confiáveis". Isso motivava os funcionários. Um executivo disse: "Que o valor das ações aumente a cada ano para que os acionistas ganhem mais dinheiro não é algo que motiva meus funcionários". De fato, essa é uma imagem estranha pairando sobre uma empresa. Não inspira, mas paralisa. Ela pressiona. Nas grandes fábricas de carros, como Daimler, BMW e Audi, a imagem que cria união e motivação entre as pessoas é menos a imagem que a empresa como um todo reivindica para si do que a imagem do produto no qual todos trabalham juntos.

A BMW possui a imagem do carro esportivo e ao mesmo tempo ecológico, que atrai não só os compradores, mas também os funcionários. Nos últimos anos, a Audi construiu uma imagem própria de si mesma, que exerce apelo a muitos funcionários jovens e engajados.

A Audi é considerada uma empresa jovem, inovadora, em que os funcionários trabalham em conjunto para desenvolver novas ideias. As imagens que caracterizam estas empresas se desenvolveram aos poucos, graças ao ambiente empresarial, aos produtos e à cultura corporativa própria, sem que fossem descritas conscientemente. As imagens que moldam uma empresa se manifestam na maneira como ela divulga seus produtos. É então que podemos sentir o que é importante para ela e o que une os funcionários.

Hoje, muitas empresas criam imagens-guia para si. Em algumas empresas, essas imagens-guia são desenvolvidas por empresas de *marketing*, em cooperação com seus diretores. Mas, muitas vezes, falta a essas imagens-guia a força unificadora. Elas não motivam os trabalhadores, porque lhes são oferecidas por uma instância exterior. E, frequentemente, essas imagens-guia são apenas publicidade externa. Elas são exibidas, procuram atrair o lado exterior, mas não são realmente vividas. O abismo entre as imagens-guia e a realidade tão diferente na empresa extenua muitos funcionários e os torna infelizes. Muitas vezes, as imagens-guia são aparentemente belas. Mas são ideais não respaldados pelos funcionários. Tampouco são imagens-guia que me põem em contato com as imagens internas de minha alma e com a fonte da energia que flui em mim.

Um exemplo é a empresa Puma. No caso dela, que esteve durante muito tempo na beira do abismo, a luta por valores comuns e princípios compartilhados levou os funcionários a se identificar com a empresa. Posteriormente, ela atraiu muitos jovens que queriam trabalhar na empresa. Em primeiro lugar, houve uma alteração na imagem da empresa. A empresa já não se via como empresa que fabrica calçados esportivos, mas como uma empresa de estilo de vida. Desse modo, a Puma passou a transmitir aos jovens a imagem de que a empresa representa um estilo de vida moderno. Os jovens voltaram a se identificar com a empresa. Mas esta mudança de imagem para o mundo exterior também foi acompanhada por um coerente trabalho interno. Houve uma busca de termos-chave que pudessem se aplicar a todos os funcionários e motivar a todos. Quatro foram encontrados: justo, honesto, criativo e positivo. Em todas as decisões, as pessoas se perguntavam se estas também condiziam com as quatro palavras-chave. Mas esses quatro valores também eram o segredo do sucesso quando se tratava de lidar com os funcionários e com os clientes. Eles criavam um clima comum a despeito de todas as diferenças individuais. Esses quatro conceitos-chave inspiravam a equipe e convenciam os clientes, sem cuja aceitação uma empresa como a Puma não pode existir. Este é um exemplo de como imagens positivas podem ter efeitos internos e externos.

Outro exemplo: A empresa Siemens foi por muito tempo considerada uma empresa de funcionários burocratas. Os trabalhadores da Siemens tinham uma imagem de acomodados. Nos últimos anos, contudo, esta imagem mudou muito. A Siemens reivindica a liderança na questão energética e pretende se tornar uma empresa verde. Por isso procurou desenvolver, juntamente com uma empresa de *marketing*, novas imagens-guia. No entanto, não posso avaliar se essas imagens realmente alcançaram os empregados ou se há uma lacuna entre as imagens-guia e o ambiente real de trabalho na Siemens. Em todo caso, alguns funcionários contam que nem tudo na empresa está indo tão bem como parece do lado de fora. Com certeza, leva muito tempo até que novas imagens se infiltrem no coração e na mente dos funcionários, de modo que elas realmente dominem o ambiente. Quando a equipe percebe que as imagens-guia têm apenas fins promocionais exteriores, sem moldar a atmosfera no interior, cria-se uma cisão na empresa. E essa cisão tem um efeito negativo sobre os trabalhadores. Eles não se sentem levados a sério, mas apenas usados para construir uma boa imagem para o exterior. Conflito e desonestidade para com os funcionários são fontes frequentes de *burnout*. Se os trabalhadores não colaboram no processo, as imagens-guia elaboradas carecem de força inspiradora. E se elas não tocarem as imagens internas, seguirão ineficazes. Pelo contrário, elas podem criar agressão em vez de motivação.

Tanto a Siemens quanto a Daimler já tiveram de lidar com denúncias de corrupção no passado. Ambas as empresas sofreram consequências. A empresa Daimler agora põe a integridade acima de suas economias. Integridade significa: ser ilesa, irrepreensível, pura e clara, sem corrupção. Mas a integridade não designa apenas a imagem-guia da empresa, mas também a de cada um dos funcionários. Um funcionário íntegro é aquele que é claro em si mesmo, que não tem segundas intenções. E ele tem a habilidade de integrar em si mesmo todos os seus lados, até mesmo os lados de sombra. Quem integra seus lados de sombra é livre da compulsão de projetá-los nos outros. Se a firma também consegue isso, ela pode integrar seus funcionários de tal sorte que eles trabalham juntos para formar uma comunidade. E essa integração ultrapassa os limites da empresa. Ela também integra os clientes e fornecedores na imagem da empresa, que quer ser íntegra em si, clara e transparente. Assim se origina um movimento que vai além da empresa e influencia a sociedade. Mas, na discussão com funcionários da Daimler, percebi que, apesar de todos concordarem com a imagem de integridade, eles também viam o perigo de a imagem ser muito elevada. A ação concreta, o diálogo na vida cotidiana, o lidar com erros dos funcionários não são tocados por esta imagem ideal. O problema é que o critério é alçado a um patamar tão elevado que as pessoas transitam comodamente sob ele. Essa imagem-guia não tem consequências. Isso parece bom, mas tem uma desvantagem: ela não modifica as pessoas. Mas a empresa Daimler reconheceu este risco e agora trabalha de forma coerente para que o modelo de integridade penetre lentamente não só na mente, mas também no coração dos funcionários, e molde seus pensamentos e sentimentos.

As imagens-guia devem ser não apenas propagadas, mas vividas

Não basta desenvolver boas imagens-guia, imprimi-las em papel brilhante e depois esquecê-las dentro de uma gaveta. E não basta propagar essas imagens-guia para o exterior, se elas não são internamente vividas. A discrepância que surge quando os modelos são apenas propagandeados, mas não vividos, deixa muitos funcionários doentes. Isso causa frustração e muitas vezes amargura. É preciso um caminho de humildade para dar eficácia às imagens-guia mediante um longo processo na empresa, e para que elas encontrem repercussão entre todos os funcionários. E é preciso paciência até que essas imagens se tornem como uma segunda pele. Isso exige também uma instância crítica. Na Puma, um membro do conselho executivo tem a tarefa de fazer a seguinte pergunta em todas as reuniões: Isso que decidimos e o modo como lidamos uns com os outros e com os funcionários são justos, honestos, criativos e positivos? É preciso um constante exame de consciência por parte dos funcionários. Mas também é necessária a ritualizada lembrança das imagens-guia. Isso não implica uma reprovação, mas apenas um questionamento. É normal que as imagens-guia não determinem por si sós nossos pensamentos e ações. É preciso percorrer um longo caminho antes que elas realmente se internalizem e determinem nosso convívio.

As imagens-guia contêm valores que irão determinar a empresa. Valores fazem uma empresa valiosa. Se valores não são respeitados, isso é sempre sinal de misantropia e autodesprezo. Uma empresa em que as pessoas são desprezadas é inútil. Com o tempo ninguém vai querer trabalhar lá. Cada um de nós tem um faro para valores. Nossa alma sabe a respeito deles. Mas nenhum de nós vive os valores o tempo todo. Também temos a tendência de ignorar valores. Portanto, é preciso, especialmente nos escalões superiores, um esforço contínuo para internalizar os valores de modo que eles se tornem visíveis para os funcionários nas palavras e nas ações. E é preciso uma recíproca lembrança dos valores. Não se trata aqui de falar de modo frequente e moralizante sobre valores. O tom moralizante apenas provoca consciência pesada no ouvinte. E uma consciência pesada não motiva a viver esses valores, mas sim paralisa. Os valores devem se imprimir em nós, para que irradiem através de nós em nosso ambiente. Mas é um processo interminável e um desafio espiritual constante deixar-se moldar pelos valores, em vez de apenas tê-los em alta estima no plano exterior.

Uma forma concreta de lembrarmos os valores uns aos outros é prestar atenção à linguagem que prevalece na empresa. Pode-se encarregar uma pessoa do círculo de liderança para, vez ou outra, deter-se e mostrar um espelho aos colegas, sem acusar ninguém: "A maneira com que estamos falando sobre esses funcionários é respeitosa? Nossa linguagem reflete o valor da integração? Ou nossa linguagem cria mais divisão do que integração, mais agressão do que conciliação, mais depreciação do que valorização?" Nesse sentido, por exemplo, o funcionário que recebe um e-mail agressivo do chefe deveria ter a possibilidade de responder dizendo que acha difícil reencontrar no e-mail os valores propagados pela empresa.

RITUAL

Pense na imagem-guia de sua empresa. É uma imagem de motivação e inspiração para você? A imagem-guia ou o logotipo de sua empresa o põe em contato com suas imagens interiores? Que imagens lhe ocorrem ao pensar em sua empresa? Tente anotar as diferentes imagens que lhe vêm à mente ao refletir sobre ela. E então pergunte a você mesmo: Qual é a imagem que move algo em mim? Qual imagem me põe em contato com minha energia interior? Então, volte a contemplar a imagem-guia e o logotipo de sua empresa. E associe a eles imagens que os complementem, que lhes dão concretude, vida, prazer. E, em seguida, fale com seus colegas sobre as imagens que vocês têm sobre a firma. E se as imagens para a empresa já estão predefinidas, procure imagens para sua seção, pela qual você é responsável ou na qual você trabalha juntamente com outros.

8
IMAGENS QUE ESTÃO EM RESSONÂNCIA COM A ALMA

Imagens moralizantes paralisam

Nós seres humanos vivemos reagindo ao nosso meio ambiente. Esta não é apenas uma experiência diária óbvia. A neurociência também constatou que o cérebro não só depende de que recebamos reflexos positivos do nosso ambiente, mas que ele próprio reage como diapasão ao nosso ambiente. As imagens também são importantes neste contexto. Elas irradiam algo, podem nos contagiar; e, com auxílio delas, nós nos entendemos e nos comunicamos. Como vimos antes, as imagens que encontramos podem acionar uma dinâmica positiva ou negativa. Podem nos oprimir e bloquear. Mas também podem nos inspirar. Elas podem fazer isso ao nos ajudar a entrar em relação com nós mesmos. Para que as imagens possam nos inspirar, elas precisam de certos requisitos. O principal deles é que elas tenham uma qualidade arquetípica. As imagens arquetípicas não apenas falam ao nosso pensamento, como também atuam em nosso inconsciente. O inconsciente é, para C.G. Jung, uma fonte de energia vital. As imagens arquetípicas despertam em nós a energia vital que está disponível em nosso inconsciente.

As imagens arquetípicas não são moralizantes. Ao contrário, as imagens moralizantes – segundo o lema: "Devemos realmente ser honestos e sempre amigáveis e corteses" – paralisam. Produzem má consciência. E má consciência nos rouba energia, não nos motiva a adotar um comportamento novo. Não desperta em nós força alguma. Não nos põe em contato com a fonte interior da qual podemos nos nutrir. Ficamos, por assim dizer, presos na má consciência e não chegamos ao fundo de nossa alma, em que flui a fonte de energia.

Imagens moralizantes vêm, com frequência, carregadas de censura. Nelas reside a acusação de que os empregados não estão vivendo o que a administração imaginou. Imagens acusadoras não têm força motivacional. Ao contrário, suscitam resistência entre os funcionários. A acusação pesa, empurra para baixo. Ela contém em si uma repreensão, que desperta no funcionário o desejo de se justificar. Muitas vezes, essas imagens reprovadoras estão associadas a imagens idealizadas. Ideais são erguidos, mas eles são tão altos que todos podem ficar comodamente debaixo deles. Esta distância entre ideais elevados e realidade inferior cria insatisfação e frustração. Ou também: altos ideais são erguidos visando a uma venda grandiosa para quem está de fora. Mas quem proclama esses ideais sabe que não podem ser vividos. São apenas declarações de intenção. São desenvolvidos de modo puramente intelectual; carecem de força motivadora.

Somos movidos apenas pelo que fala ao coração

Para que me inspirem, as imagens têm de apelar ao meu coração. Devem tocar e movimentar algo em mim. A neurociência conhece essas imagens que movimentam algo em mim. São imagens que veem coisas em conjunto, que possibilitam um futuro. As imagens são como janelas que abrem o espaço da minha alma a uma realidade maior. Elas têm um poder emocional. No caso das empresas, essas imagens estão ancoradas na emoção das pessoas.

Corremos o risco de ser sobrecarregados pelas imagens. Isto se aplica às imagens comuns de uma empresa. Mas se aplica principalmente às imagens pessoais. Por exemplo, existem imagens que são boas para nós durante longo tempo porque nos desafiam. Mas, em algum momento, se tornam muito grandes para nós. Há, por exemplo, a imagem daquela pessoa responsável por tudo. É bom assumir responsabilidades. O irmão mais velho aprendeu, desde cedo, a assumir responsabilidade pelos irmãos mais novos e muitas vezes até mesmo pela família. Isso o faz se sentir responsável por tudo e todos, sempre e em toda parte. Mas com isso ele se sobrecarrega. A imagem é grande demais para ele. E, quando é uma imagem demasiado grande, a alma se rebela, muitas vezes inconscientemente, tornando-se deprimida e sem forças. O *burnout* é, com frequência, um protesto contra imagens excessivas. Isso pode nos mostrar o caminho para a conversão e para uma nova orientação da nossa energia vital. E devemos ser gratos se nossa alma ainda se rebela. Isso mostra que ela é saudável e podemos contar com ela.

Vejamos o caso de uma mulher que carrega consigo a imagem da harmonizadora. Ela cresceu numa família fragmentada. Desde criança, tentou garantir a harmonia na família. Luta e conflito são ameaçadores para ela. Por isso, ela tenta estabelecer harmonia em todos os lugares. Isso a torna amada na empresa. Ela tem um efeito positivo sobre seu ambiente, pode unir as pessoas e criar um bom clima em sua equipe de trabalho. Mas em algum momento esta imagem se torna muito grande para ela. Ela sente que não pode produzir harmonia entre o chefe e os funcionários com os quais se sente solidarizada. Ela se desgasta em seu esforço de estabelecer harmonia na empresa. Quando minha imagem não funciona, quando não posso realizar meu próprio ideal, isso pode resultar em resignação, fadiga crônica e, em algum momento, em *burnout*.

Também podemos pensar no exemplo de um homem que porta a imagem do auxiliador. Mostramos acima que a imagem arquetípica do auxiliador nos coloca em contato com muitas habilidades e que, muitas vezes, nós próprios somos recompensados por ajudar os outros. Mas é perigoso se nos identificamos com esta imagem arquetípica do auxiliador, se nos vemos como auxiliador sempre e em toda parte. Em tal caso, a imagem do auxiliador se manifesta em nós sempre quando alguém ao redor não está bem. Então nós próprios nos sobrecarregamos com esta imagem arquetípica. E muitas vezes nos sentimos desapontados ao perceber que nossa ajuda não foi reconhecida. Às vezes também caímos em situações difíceis. Por exemplo, provocamos aborrecimento em nossa seção quando estamos sempre correndo em auxílio dos fracos, sem notar que estes, por vezes, estão explorando nosso auxílio. O perigo por trás da identificação com uma imagem arquetípica é o fato de não percebermos que estamos exteriorizando nossas próprias necessidades sob o manto da imagem. A identificação com uma imagem arquetípica nos torna cegos para nossas próprias necessidades, que satisfazemos, por exemplo, sob o pretexto de ajudar: digo apenas que adoro ajudar, mas na realidade quero dar vazão à minha necessidade de poder. Quero me colocar acima dos demais como auxiliador e mostrar-lhes que eu já avancei mais do que eles. E às vezes quero com isso ajudar a mim mesmo. Tomo aquele que ajudo como representante de mim mesmo. Na verdade, eu preciso de ajuda. Mas não posso admitir isso para mim mesmo, pois assim destruiria a autoimagem do grande auxiliador, laboriosamente erguida, e me defrontaria com minha própria fragilidade e minha necessidade de ajuda.

Não há futuro sem imagens

Imagens que movem algo em mim abrem uma janela em minha alma. Elas têm sempre o caráter de uma visão. Abrem futuro. Um antigo Padre da Igreja disse uma vez: não há futuro sem imagens. São as imagens que nos levam adiante, que nos dão um horizonte amplo. Essas imagens não são moralistas nem nos sobrecarregam. Não são intelectuais, mas falam à profundidade de nosso coração. Elas nos tocam. Desse modo, uma imagem tem brilho próprio. Com frequência, não podemos dizer exatamente por que essa ou aquela imagem exerce um apelo sobre nós. Mas, quando a observamos, sempre constatamos que é uma imagem que vê coisas em conjunto. Ela vê a realidade juntamente com a possibilidade, o presente juntamente com o futuro, a realidade com uma visão. A imagem é, não raro, uma experiência de surpresa: de repente, reconhecemos novas possibilidades em nossa vida, de repente compreendemos.

Eficaz é o que está em ressonância com a alma

As imagens que nos movem são semelhantes às nossas imagens de sonho. Durante o sonho, nossa alma pensa em imagens. Existem imagens assustadoras, mas há também imagens de esperança. Quando vemos em sonho uma luz brilhante, esta é uma imagem de esperança de que nossa escuridão interior seja superada. Quando sonhamos que seguramos uma criança nos braços, este é um sinal da esperança de que algo novo esteja nascendo em nós, de que estejamos entrando em contato com a imagem original de Deus em nós. Em última análise, as imagens que nos movem são aquelas que correspondem à imagem interior na alma e estão em ressonância com ela.

Quando buscamos imagens eficazes na história, encontramos imagens míticas que exercem apelo sobre nossa alma, como a imagem de Jonas, que esteve no ventre do peixe. Jesus falava imageticamente tanto em suas parábolas, como em suas palavras. Muitas de suas imagens tornaram-se proverbiais, como a imagem do cisco no olho do próximo e a trave no nosso próprio; ou a imagem da montanha que a fé faz lançar-se ao mar. Na história foram bem-sucedidos os governantes e políticos que souberam reivindicar para si boas imagens. Cada um de nós tem a capacidade de gerar imagens. Para tanto basta confiarmos no lado direito do cérebro, que produz tais imagens, e nos despedirmos da dominância de seu lado esquerdo, que pensa de modo puramente racional.

RITUAL

Ouça seu interior e deixe aflorar as imagens que querem vir à tona no silêncio. Então pergunte a você mesmo se conhece as imagens arquetípicas em você: curador, ajudante, pacificador, reconciliador, rebelde, reformista, profeta. Contemple essas imagens e se pergunte onde elas o puseram em contato com suas habilidades. Mas pergunte também onde estas imagens se tornaram demasiado grandes para você. Onde elas o sobrecarregaram? Onde não são mais adequadas? Converse com as imagens. Agradeça-lhes por terem estabelecido um contato entre você e o potencial de sua alma. Mas então tome distância em relação a elas e diga para você mesmo: às vezes sou capaz de ajudar, curar, promover paz e harmonizar. Mas eu não sou ajudante, curador, pacificador, nem harmonizador. Sou uma pessoa simples. Mas Deus me deu certos dons. E reconheço esses dons por meio dessas imagens.

9

FOGO E ÁGUA

Imagens bíblicas salutares

Burn-out, consumação, esgotamento: estas são imagens que descrevem nosso estado interior. Essas imagens também podem se fixar negativamente em nossa alma. Precisamos, portanto, de imagens que nos protejam do *burnout*. É do que trataremos a seguir. Começarei pelas imagens do arder e do haurir, vendo-as como contraimagens para os estados de exaustão e esgotamento. São imagens que têm um efeito positivo, porque me conectam a algo transcendente. Em ambas as imagens, fonte e fogo, se refletem belamente as vívidas descrições do fluxo e do *burnout*.

O fogo interno

Dizemos que uma pessoa tem fogo dentro de si. Queremos dizer que ela é viva, que dela emana algo, que ela arde por alguma coisa. Jesus também tem em mente a imagem do fogo quando diz: "Vim para lançar fogo sobre a terra. Como quisera que já estivesse aceso!" (Lc 12,49). O fogo que Jesus lança sobre a terra é o Espírito Santo, que ele nos dá após sua ressurreição. O Espírito Santo desceu em labaredas sobre os seus discípulos. Ele acendeu suas línguas para que eles encontrassem as palavras que moviam as pessoas. Com suas palavras eles acenderam um fogo que até hoje percorre o mundo e não cessa de entusiasmar as pessoas a viver e a configurar o mundo a partir do espírito de Jesus. Contudo, numa palavra transmitida fora dos evangelhos, Jesus diz que Ele próprio é o fogo: "Quem está perto de mim está perto do fogo, e quem está longe de mim está longe do reino (ou da vida)". O próprio Jesus ardia. Os discípulos disseram após ouvi-lo: "Não ardia nosso coração no peito enquanto Ele nos falava no caminho?" (Lc 24,32). Havia em Jesus um fogo que ardia sem se queimar. Pois era o próprio Espírito Santo que ardia nele.

Se Jesus nos dá o Espírito Santo, então há também em nós uma brasa que nunca se apaga. Na iminência de uma experiência de *burnout*, é bom se lembrar dessa imagem do fogo interior. Um gerente me disse certa vez que se sentia como um foguete queimado. Ao formular em palavras essa imagem, ele reforçava o sentimento que tinha a respeito de si mesmo. Eu lhe aconselhei: "Sente-se tranquilamente, feche os olhos e vá ao fundo de sua alma. Lá você se sente queimado. Lá não há nada além de cinzas em você. Mas agora vá mais fundo. Imagine que uma brasa ainda arde sob as cinzas. Entre em contato com essa brasa. Imagine que você está soprando a brasa, que de repente começa a brilhar e, finalmente, está ardendo de novo". Sob as cinzas há uma brasa dentro de nós. Eu a chamo de brasa do Espírito Santo. Está em nós, queiramos ou não. Mas muitas vezes não vamos fundo o suficiente na base de nossa alma. E por isso esbarramos apenas em cinzas. Quando confiamos na presença dessa brasa em nós, somos capazes de imaginar como ela lentamente irradia seu calor do fundo de nossa alma. Nosso coração se aquece novamente. Voltamos a sentir o fogo em nós. Às vezes é apenas uma brasa silenciosa. Em seguida, ela se inflama, e de nós sai um fogo que também aquece os outros.

A sarça ardente

A Bíblia conhece outra imagem útil contra o *burn-out*. É a imagem da sarça ardente. A sarça é uma imagem do sentimento que Moisés tinha a respeito de si mesmo no estrangeiro. Ele havia fracassado em sua tentativa de ajudar os membros de sua tribo no Egito. Foi forçado a fugir para o estrangeiro. Ao filho que tem com sua esposa madianita ele dá o nome Gershom ("migrante por lá"). Ele disse para si mesmo: "Sou hóspede numa terra estranha" (Ex 2,22). A sarça, à beira do deserto, é um arbusto sem valor. Ele representa o fracasso, a sequidão, a exaustão, a falta de valor, o menosprezo. Mas essa sarça arde sem se queimar. Esta é uma bela imagem para mim. Eu sou a sarça. Eu me sinto vazio, seco, fracassado, desprezado, consumido. Mas, apesar de tudo, algo ainda arde em mim, sem que eu me queime. Apesar de toda a fraqueza, há em mim também o fogo de Deus, a glória de Deus, o poder de Deus. Continuo sendo a sarça, mas no meio de mim arde o fogo divino. Do fogo, Deus falou a Moisés e lhe deu uma tarefa: "Eu te envio ao faraó. Faze sair do Egito o meu povo, os israelitas" (Ex 3,10). Moisés inicialmente reluta contra essa missão. Sente-se fraco como a sarça. Mas Deus não desiste. Ele lhe promete: "Eu estou contigo" (Ex 3,12). Isso deve ser suficiente para Moisés. Em meio à fraqueza e ao vazio, ele deverá fazer algo grande, não porque ele próprio tem o poder para isso, mas porque Deus está com ele, e porque o fogo de Deus também arde nele sem queimá-lo.

Esta é uma imagem que também pode ser útil para mim hoje. Quando eu me sinto vazio e consumido, imagino que sou a sarça imprestável, ressequida. Não tenho novas ideias. Nada emana de mim. Mas Deus escolheu este arbusto para fazer seu fogo arder nela. E por causa da força de Deus em mim e porque Deus acredita que sou capaz de algo, algo grandioso poderá sair de mim apesar de toda a minha fraqueza. Posso conduzir à liberdade outras pessoas que se sentem igualmente imprestáveis. Senti dolorosamente minha própria condição de estranho. Agora sou capaz, com a ajuda de Deus, de conduzir os outros ao encontro de si mesmos, ao seu próprio centro.

A fonte que nunca seca

O Evangelho de João elege a imagem da fonte, em vez do fogo. Jesus fala da fonte interna à mulher samaritana: a fonte que todo mundo carrega em si mesmo. Jesus e a mulher falam – primeiramente num nível superficial – sobre a água que a mulher retira do poço. Mas, então, Jesus passa a falar de outra água: "Quem beber desta água ainda terá sede, mas aquele que beber da água que eu lhe darei nunca mais terá sede; pelo contrário, a água que eu darei se tornará nele uma fonte que jorrará para a vida eterna" (Jo 4,13s.). Jesus fala aqui também do Espírito Santo, que ele dá a nós, seres humanos. O Espírito Santo está em nós como uma fonte que nunca seca. Podemos haurir dela para sempre, sem nunca nos esgotarmos.

Essa também é uma bela imagem para mim. Uma imagem que sempre utilizo em minha meditação quando me sinto esgotado. Então imagino: sob meu esgotamento, meu cansaço, jorra do fundo da minha alma uma fonte que nunca seca. Quando entro em contato com esta fonte, ela flui em mim novamente. Eu me sinto renovado. Então, apesar de meu cansaço, posso me tornar permeável e fazer o que é exigido de mim agora. No entanto, essa fonte não é um tanque do qual posso me servir para continuar seguindo avante. Ao contrário, só posso beber dessa fonte se sou permeável, se deixo de lado meu ego. Não tenho de fazer mais nada. Ao contrário, as coisas fluem através de mim. Embora esteja cansado, ideias criativas saem de mim. E consigo acompanhar a conversa. Mas não me extenuo nisso. Não me fatigo; no meu cansaço e impotência, torno-me permeável para a fonte do Espírito Santo.

Um poço no deserto

Quem se sente esgotado recorre, com frequência, à imagem do deserto, para descrever sua condição: sente-se como num deserto. Corre o risco de morrer de sede. O Antigo Testamento ama a imagem do deserto. Mas também menciona várias vezes que há no meio do deserto um oásis, um poço do qual podemos retirar água: "Águas hão de jorrar no deserto, torrentes na estepe. A areia ardente se transformará em lago, e a terra sedenta em fontes brotando". Assim fala o Profeta Isaías (Is 35,6s.). Deus promete a seu povo: "Providencio água na estepe, rios no deserto, para dar de beber ao meu povo, meu eleito" (Is 43,20).

Experiências de deserto são parte da nossa vida. Nós nos sentimos no deserto quando não somos compreendidos, quando sofremos assédio moral na empresa, quando nossas forças se esvaem. As palavras do profeta parecem ser um débil consolo, parecem uma miragem. Mas se deixamos estas palavras se infiltrar em nós, elas nos põem em contato com os poços internos, que cada um carrega em si. E sempre poderemos beber desse poço. Devemos apenas ficar de pé, quietos, escutar o silêncio dentro de nós. Então descobriremos esse poço no fundo de nossa alma.

RITUAL

Escolha uma das imagens descritas – o fogo interior, a sarça ardente, a fonte interna, o poço no deserto – e medite sobre ela. Não raciocine sobre ela, mas realmente a imagine. Diga para você mesmo: Eu sou a sarça ardente. Em mim existe o fogo, a fonte, o poço. Em seguida, tente sentir através da imagem, na base de sua alma, a qualidade que a imagem exprime. Acredite que o que a imagem descreve está dentro de você e o mantém vivo e o protege contra o *burnout*.

10
O PODER DOS RITUAIS

Ter uma nova experiência do nexo da vida

Aaron Antonovski, um terapeuta judeu, desenvolveu o termo e o conceito de salutogênese. Ele se interessa pelo que torna uma pessoa saudável. Como psicólogo, ele investiga as fontes das quais uma pessoa pode beber para não se sobrecarregar com suas injúrias psicológicas, mas crescer com elas. A salutogênese também pode nos mostrar as fontes de que precisamos como proteção contra o *burnout*. Antonovski fala do sentimento de coerência, referindo-se, com isso, ao sentimento de que minha vida tem um nexo interno, de que ela não desmorona com meras contingências. Uma maneira de experimentar o nexo da vida são os rituais. Eles me põem em contato comigo mesmo. No meio da turbulência da vida cotidiana, eles criam um espaço onde sou inteiro e me torno inteiro.

Os rituais sempre nos tiram da roda de *hamster* do trabalho. Eles geram um ponto de descanso no meio da agitação do dia a dia e nos livra da pressão a que nos sentimos constantemente expostos. Estruturam o cotidiano e, ao mesmo tempo, são diferentes do cotidiano. Os rituais são um presente que dou para mim mesmo; neles arrumo uma pausa para poder respirar. Nos rituais tenho a impressão de que sou eu mesmo que vivo, em vez de ser vivido por fora. Klaus Werle, em seu artigo na *Spiegel* online, também salienta que os rituais são uma boa ajuda preventiva contra o *burnout*. Ele cita o especialista em *burnout* Hans-Peter Unger, que aconselha: "Um compromisso sagrado uma vez por semana, que é usado irrevogavelmente para a realização pessoal". Os rituais garantem um espaço de liberdade, que é só meu e não pode ser ocupado por outras pessoas.

Rituais são associados a imagens. Eles me transmitem boas imagens, em vez das imagens negativas que levam ao *burnout*. Pois um ritual está sempre sob uma imagem que ele pretende representar. A psicologia da religião diz que os rituais, em seu entendimento original, são sonhos dançados. Originariamente, eles representam as imagens que as pessoas viram em sonho. Pessoas com dons espirituais abrem, no sonho, um caminho para a vida bem-sucedida. E os rituais também nos colocam em contato com as fontes internas que poderiam permanecer fechadas para nós. Justamente por causa dessa qualidade mais profunda, eles são um remédio eficaz contra o *burnout* e a exaustão.

Momentos e lugares sagrados

A seguir, eu gostaria de associar os rituais a imagens em duplo sentido. Em primeiro lugar, eu gostaria de descrever os rituais sob suas diferentes imagens. Nos rituais formam-se boas imagens em nós mesmos. Em segundo lugar, eu gostaria de apontar os rituais como o lugar que pode nos colocar em contato com imagens internas salutares. Os rituais podem nos conectar com as imagens que nos protegem contra os bloqueios, contra a ressequidão e o esgotamento e podem dissolver as imagens negativas.

Em vez de escrever teoricamente sobre os rituais, eu gostaria de mencionar um par de imagens que podem trazer à luz a essência dos rituais. A primeira imagem é uma que os antigos gregos já apreciavam: os rituais criam um tempo sagrado e um lugar sagrado. Sagrado é aquilo que se retira do mundo, aquilo sobre o que o mundo não tem poder. E os gregos antigos acreditavam que somente o sagrado pode curar. Sagrado é aquilo que pertence a Deus, mas também o que me pertence. Ninguém pode me roubar o que é sagrado para mim. E, no momento sagrado, ninguém pode dispor de mim. Ele me pertence. É quando posso respirar. É quando tenho sentimento de liberdade interior. O tempo sagrado também me leva ao lugar sagrado. O lugar sagrado pode ser externo: eu me recolho em meu canto de meditação ou oração, em um lugar específico, portanto, que é só meu. Este é meu espaço onde me sinto seguro. Mas o lugar sagrado também está em mim. Há em mim um espaço ao qual as pessoas com as suas expectativas e demandas não têm acesso, um espaço que a pressão externa não consegue invadir. É um espaço de silêncio. Já descrevi diversas vezes este lugar sagrado interior. Agora eu gostaria de descrevê-lo novamente tendo em vista a experiência de *burnout*, porque ele é para mim uma imagem central, que me ajuda a não me consumir por completo.

Jesus fala a respeito desse espaço sagrado de silêncio dentro de mim: "O Reino de Deus está no meio de vós" (Lc 17,21). É um espaço onde Deus reina em mim, não o ego ou alguma outra pessoa, o chefe ou algum cliente. Se Deus reina em mim, então sou verdadeiramente livre. Neste espaço sagrado interior, eu me vivencio de cinco maneiras diferentes. E cada uma dessas maneiras é, por assim dizer, uma contraimagem para o *burnout*.

Livre de demandas externas

No espaço interior de silêncio, eu estou, antes de tudo, livre do poder das pessoas, de suas expectativas e exigências, de seus desejos e opiniões. Se habito este espaço interno, deixo de pensar no que os outros pensam sobre mim. Muitos sufocam sua própria energia interna porque se preocupam em demasia com os pensamentos dos outros. Têm medo do que os outros possam pensar sobre eles. O espaço sagrado me liberta desse girar em torno dos pensamentos dos outros. E me liberta igualmente da pressão exercida pelas expectativas do entorno. As expectativas das outras pessoas não têm acesso a este espaço interior.

No espaço sagrado sou íntegro e são. Nele, ninguém pode me magoar. Se estou perto de um esgotamento, também estarei extremamente sensível. Fico com medo de ir para o trabalho. Pois não sei quem me magoará hoje, se o patrão soltará uma palavra crítica, se meus colegas dirão algo contra mim ou se um cliente me ofenderá com sua insatisfação. Quem vive com esse medo consome muita energia. É aconselhável imaginar: as palavras, gestos e olhares ofensivos não conseguem penetrar neste espaço sagrado interior. Por certo, as palavras pejorativas realmente continuam a me machucar em meu âmbito emocional. Quase não posso me defender contra elas. Mas sob minhas emoções se encontra o espaço do inviolável, em que posso me recolher e desfrutar do que é são e íntegro em mim. A atmosfera hostil que me faz sofrer também não pode afetar este espaço interior de cura. Eu posso me retirar do assédio moral, das flechas agressivas lançadas do exterior contra mim e me abrigar no espaço protetor do silêncio interno.

Sou original e autêntico

Outro aspecto: Neste espaço sagrado sou original e autêntico. Nele entro em contato com a imagem verdadeira e original que Deus fez de mim. As imagens que os outros impuseram sobre mim se dissolvem. Mas também as imagens de minha autodepreciação – "Não estou certo. Sou muito lento. Não consigo." – e as imagens de presunção – "Tenho de ser sempre perfeito, *cool* e bem-sucedido" – dão lugar à imagem inadulterada de Deus em mim. Ali onde sou original não tenho de provar nada a ninguém. Conheço a tendência de me adaptar assim que entro em algum grupo: vejo o que esperam de mim e assim me oriento. Mas isso custa muita energia. E, acima de tudo, não tenho certeza do que as pessoas esperam de mim. Quando sou original e autêntico, sou simplesmente do jeito que sou. Eu não estou sob pressão de provar alguma coisa a meu respeito. Simplesmente estou presente. Isso não custa energia. Ao contrário, isso me põe em contato com o ser puro, que é inesgotável. Alguns acham que precisam constantemente provar sua autenticidade. Mas quem precisa provar para os outros que é autêntico, não o é. Porque quem é autêntico, simplesmente existe sem ter de se afirmar.

Sou puro e límpido, e habito em mim mesmo

Em minha situação de risco também é importante o seguinte: sou puro e límpido no espaço sagrado dentro de mim. Os sentimentos de culpa não têm acesso a ele. Sentimentos de culpa são sempre desagradáveis e me roubam energia. Com frequência, eles me fazem fugir de mim mesmo. Nunca estou tranquilo. Pois, assim que me encontro sem nada para fazer, os sentimentos de culpa afloram e me corroem. Ninguém está livre de culpa. Ninguém está certo o tempo todo. Mas é importante atravessar a culpa e ir para o espaço interior do silêncio, onde a culpa não tem vez. Nosso núcleo mais íntimo não é consumido pela culpa. Isso me permite, apesar da culpa real ou suposta, ter paz. Não reprimo a culpa, mas a atravesso e me dirijo a esse espaço inocente em mim. Lá eu não tenho medo do juiz interior nem do julgamento de juízes externos. Quando me sinto culpado, não acho mais acesso à minha fonte interior. Os sentimentos de culpa me separam do meu eu interior. Privam-me de toda energia. Por isso é tão importante recolher-se novamente ao espaço interior de silêncio, no qual me sinto puro e límpido, sem culpa e sem medo de que alguém possa me incutir sentimentos culposos. Não nego minha culpa. Mas atravesso a culpa e rumo para o espaço em que a culpa não é admitida, onde sou puro e límpido. Ali encontro minha identidade.

E finalmente: onde o reino de Deus está dentro de mim, onde Deus habita em mim é também o lugar em que posso morar comigo mesmo. Deus é – assim diz o grande teólogo Karl Rahner – o mistério insondável. Onde o mistério de Deus habita em mim, eu posso estar em minha casa comigo mesmo. A língua alemã une as palavras casa (*Heim*), pátria (*Heimat*) e mistério (*Geheimnis*). Pode estar em casa apenas quem habita o mistério.

Esta é, portanto, a primeira imagem dos rituais. Eles criam um momento e um lugar sagrado.

A segunda imagem também é importante para mim: Rituais fecham uma porta e abrem uma porta.

Rituais fecham uma porta e abrem uma porta

Pessoas que sofrem com *burnout* não conseguem se desconectar. São incapazes de fechar a porta do trabalho. Nunca estão em si mesmas. O trabalho as persegue mesmo quando estão em casa. E o conflito que tiveram no trabalho também as acompanha durante o período de férias. Então não conseguem se revigorar. Rituais fecham a porta do trabalho. Isto pode parecer diferente. Por exemplo, posso fazer uma breve pausa antes de sair do meu escritório. Tento conscientemente deixar o trabalho nesta sala. Eu expiro lentamente e, ao expirar, me livro de tudo o que aconteceu nesta sala hoje. Fecho, por assim dizer, a porta do trabalho e volto liberto e feliz para casa, onde abrirei a porta da família e da liberdade. Então consigo estar por completo onde estou agora. Se eu não tiver fechado a porta do trabalho, tudo na família vai me irritar. As crianças vêm e estão inquietas. Elas me incomodam. Mas as crianças sabem muito bem se eu fechei a porta do trabalho. Caso eu a tenha fechado, elas também vêm, mas percebem que o pai ou a mãe está totalmente presente. E, assim, elas se contentam com rapidez e se entregam novamente às suas próprias brincadeiras. Se, no entanto, percebem que o pai ou a mãe está dividido por dentro, a inquietude de um contagia o outro, e o tempo compartilhado se torna desgastante. Então se tem a impressão de que tudo é excessivo, o trabalho, a família, os filhos, as diversas expectativas que afluem do lado de fora.

Quando fecho a porta do trabalho e abro a porta da família, estou completamente presente. O tempo com a família se torna para mim um revigoramento. Estou inteiramente ali e posso me envolver com as crianças ou com o que é importante em casa agora. Mas isso não é uma continuação do trabalho, mas sim uma imersão em outro mundo, que me liberta da pressão do mundo do trabalho. Após uma palestra numa universidade, eu conversei com o reitor e sua esposa. A mulher disse ao marido: "Você já ouviu atentamente o que P. Anselmo disse? Eu já lhe disse várias vezes: Quando você está sentado na sala de estar, eu quero falar com você e não com a universidade toda". Isso nos leva a uma terceira imagem:

Rituais me põem em contato comigo mesmo

Quando digo que os rituais me põem em contato comigo, estou querendo dizer: eu conscientemente desço da roda de *hamster* e sinto a mim mesmo. Faço conscientemente algo para mim mesmo. Estou lendo e mergulho na leitura. Vou passear e estou inteiramente na caminhada. Estou correndo e me entrego à corrida. Medito e entro em contato com meu próprio centro. Sempre que eu me sentir a mim mesmo, a influência externa me abandona. Estou comigo e não com os problemas do trabalho, nem com as expectativas. Quando eu me sinto, todo o exterior deixa de ter poder sobre mim.

Posso me se separar melhor daquilo que flui do lado de fora até mim. Quem está em *burnout* já perdeu a relação com seu próprio centro. É incapaz de sentir-se. Essa pessoa sente apenas a inquietação, o dilaceramento. Mas não se sente a si mesma. Não sabe quem ela realmente é. Não tolera ficar em si mesma. Isso a intranquiliza. Quem está em si mesmo, que se sente a si mesmo, experimenta paz interior, tranquilidade, serenidade, proteção. A imagem do enraizamento exprime um quarto aspecto do que torna os rituais importantes em nosso contexto.

Rituais me fazem participar de minhas raízes

Muitos rituais que realizamos não foram inventados por nós mesmos. Nós os herdamos de nossos pais ou avós, como, por exemplo, a oração da manhã e a oração da noite, a igreja aos domingos, o pai-nosso, ou os rituais que celebramos no Natal. Ao realizar rituais que nossos antepassados já praticavam, nós tomamos parte em sua força de vida e de fé. Entramos em contato com as raízes que sustentam nossa árvore da vida. Se nossa árvore da vida é cortada das raízes, ela seca tão logo haja uma crise: não podemos nos defender contra as contingências externas. Se nossa árvore tem boas raízes, não será derrubada com facilidade. Com frequência, as depressões têm a ver com a experiência de desenraizamento. Quando não temos mais raízes, quando a conexão com nossa base é arrancada, não temos mais nada para contrapor às disposições negativas.

Rituais criam relação e identidade

Nos rituais sinto minha própria identidade. Mas os rituais também criam uma identidade familiar e um sentimento de pertencimento. Os rituais que pratico em casa com a família me transmitem sentimento de comunidade. Nós pertencemos uns aos outros. Exprimimos nos rituais sentimentos que raramente são expressos no dia a dia. Eles nos reúnem. Temos o sentimento de que somos uma comunidade. Nós desfrutamos a convivência.

Esses rituais também podem ser importantes na vida profissional. Há pesquisas de gestão empresarial que mostram que empresas que abandonaram os rituais também tiveram declínio em seu desempenho. Isso parece ser paradoxal. Rituais consomem tempo. Se tenho em meu departamento um ritual de aniversário em que todos tomam café juntos, isso custa tempo. Mas esse tempo não conta economicamente. Porque o ritual une as pessoas. Há um sentimento de pertença mútua. E essa é uma importante fonte de energia para o trabalho. Não vejo mais os colegas de trabalho como concorrentes. Os rituais me conectam com eles num nível diferente, não no nível do trabalho. E é justamente isso que me dá energia. É precisamente isso que me protege do isolamento que muitas vezes leva ao *burnout*. Se os funcionários se sentem inter-relacionados pelos rituais compartilhados, isso é uma importante fonte de energia. Antonovski chamaria esta fonte de fonte social imune.

Rituais criam comunidade, produzem uma identidade corporativa. E se me identifico com a empresa, vou preferir trabalhar para ela. Desse modo o trabalho não me rouba energia.

Estabelecer rituais contra o *burnout*

Os rituais representam uma boa oportunidade para entrar em contato com imagens de cura. Posso vincular os rituais que pratico com imagens que conscientemente contraponho ao *burnout*. Um exemplo: pela manhã tenho medo de ir trabalhar, porque não sei o que me aguarda hoje, não sei se vou me confrontar com conflitos que me sobrecarregam ou com problemas para os quais não conheço solução. Esse medo me paralisa e me rouba energia. Um bom ritual que posso contrapor a ele seria: eu me posiciono em meu canto de meditação ou oração e levanto as mãos em bênção. Então imagino que a bênção de Deus flui através de minhas mãos para as salas onde trabalho. E permito às bênçãos fluir até as pessoas com quem trabalho e para as quais trabalho, até aos colegas, incluindo os mais difíceis, que muitas vezes me assustam, e até aos clientes, incluindo os desagradáveis, que eu preferiria evitar. Quando permito que a bênção flua até estas pessoas, deixo de ser vítima dos colegas de trabalho difíceis ou das pessoas que me feriram. Saio do papel de vítima e lhe contraponho uma energia ativa. Mas esta energia não consome minhas forças. Pois ela é, em última instância, a bênção de Deus, a energia divina que flui através de mim para as pessoas.

Na bênção, abandonamos o papel de vítima

Muitas pessoas que sofrem de *burnout* têm a sensação de que se tornaram vítimas: vítimas de muita pressão, vítimas de expectativas impossíveis, vítimas de estruturas injustas. Muitas vezes nos tornamos vítimas. Não se pode duvidar disso. Mas é nossa tarefa abandonar o papel de vítima. Porque continuar nesse papel vai nos roubar toda a energia. Na bênção, abandonamos o papel de vítima. E assim que a deixamos para trás, começamos a sentir energia nova em nós.

Jesus diz que devemos abençoar aqueles que nos maldizem, aqueles, portanto, que falam mal de nós, que nos ferem com palavras (Lc 6,28). As pessoas que sofrem de *burnout* têm, por exemplo, a sensação de que muitas pessoas na empresa não lhe querem bem, querem feri-las. E quanto mais abraçam essa sensação, pior se torna sua situação. Na bênção, eu me protejo da energia negativa que emana de tais pessoas contra mim. Eu me protejo ao enviar as bênçãos de Deus para essas pessoas. Isto então me ajuda a encará-las de maneira diferente. Não preciso me rebaixar diante delas, posso enfrentá-las de cabeça erguida. Pois agora as vejo com outros olhos. Elas não são apenas aquelas pessoas que me machucaram, mas as pessoas que estão, elas próprias, feridas e que anseiam obter paz consigo mesmas. São também pessoas abençoadas. Então posso lidar com elas de forma diferente.

Livres de objetivos e da obrigação de *performance*

Rituais podem imprimir em nós a imagem do que é lúdico e livre de objetivos. Precisamos de rituais que não sejam submetidos a um objetivo. Não pratico o ritual para estabilizar minha saúde mental. Pois faria desse ritual uma *performance*. Ele precisa ser lúdico e livre de propósito. Tiro um tempo livre para fazer o que me dá prazer. Entregar-se ao próprio prazer parece ser, à primeira vista, o oposto do ritual. Mas desfrutar alguma coisa conscientemente também pode se tornar um ritual para mim. Para mim, por exemplo, quando estou cansado do trabalho, quando não consigo pensar em mais nada para escrever, um bom ritual é simplesmente deitar-me na cama por dez minutos e imaginar: neste momento não tenho obrigação de fazer nada. Simplesmente me permito ficar aqui deitado, desfrutando o peso da fadiga. Sinto-me, então, livre de toda pressão. Outra pessoa pode sair para passear com o cachorro, quando volta para casa após um dia de trabalho. Muitos executivos ficam com consciência pesada quando são vistos pelos outros nessas atividades sem propósitos. Têm medo de que digam: este tem a vida ganha; este tem tempo para passear com o cachorro, obviamente não tem muito que fazer. Temos de prescrever para nós mesmos um ritual em que nos permitimos essa liberdade interior e esse lado lúdico da vida.

Rituais precisam da liberdade interior e do caráter lúdico, para que realmente proporcionem prazer. Mas também precisam da repetição. Isto nos alivia da pressão de ter que decidir todos os dias se vamos ou não fazer tal ritual. Eles precisam se incorporar em nós. Desse modo, o ritual pode desenvolver sua verdadeira força, sua força de cura, libertação e inspiração.

RITUAIS

A imagem do delimitar-se e do proteger-se pode ser internalizada pelo seguinte ritual, que pode significar um bom ritual noturno. Mas também podemos praticá-lo antes de uma reunião, a fim de nos protegermos de influências negativas. Fico de pé e cruzo os braços sobre o peito. Eu, por assim dizer, fecho a porta e imagino: as pessoas que encontro na reunião não têm acesso a este espaço interior. Eu me abro emocionalmente para essas pessoas. Mas não as deixo penetrar no espaço interior. Posso praticar este ritual antes de uma reunião e, depois, lembrar-me dele durante a reunião. Talvez ajude – sem que ninguém o note – colocar a mão sobre a barriga ou sobre o peito, ou tocar uma mão na outra. Então me lembrarei: agora estou comigo. E quando estou comigo, as pessoas não têm poder sobre mim. E não permito que os outros adentrem meu espaço mais íntimo.

❖

Muitas pessoas consomem energia reprimindo seus lados de sombra. Querem parecer fortes e confiantes para o exterior. Mas isso custa muita energia.

Quando à noite pratico o gesto de braços cruzados sobre o peito, eu imagino: abraço em mim o forte e o fraco, o saudável e o doente, o bem-sucedido e o malsucedido, o claro e o escuro, o vivo e o petrificado, a brasa e o consumido. Quando me abraço dessa maneira, eu me aceito como sou. Isso me poupa um monte de energia. Fico em harmonia comigo mesmo.

Com o ritual de caminhar ou correr, posso imprimir cada vez mais fundo em mim a imagem da liberdade. Posso, caminhando ou correndo, me libertar da tristeza, da preocupação, da pressão exercida sobre mim. Ao correr, sinto algo da liberdade interior e da leveza. Deixo alguma coisa para trás. Caminhando eu me livro do que está pesando em mim. Eu, por assim dizer, o deixo se desprender de mim.

11

ÓCIO E DESCANSO

Renovação de dentro para fora

Estar presente por inteiro

Muitas pessoas que sofrem de *burnout* vivenciam o tempo como inimigo interno. O tempo as devora. Isto é para os gregos o típico "tempo-Chronos": é o tempo que eu meço pelo cronômetro. Ele nunca é suficiente. Nele eu corro de um compromisso para outro. *Chronos* é o tempo que me devora. No entanto, os gregos também conhecem outra expressão para o tempo: "*kairos* = o tempo agradável". Jesus sempre fala deste tempo agradável no Evangelho. Se o tempo para mim é "*chronos*" ou "*kairos*" é algo que depende de minha atitude em relação ao tempo. Quando estou inteiramente no momento e não me deixo apressar, o tempo é um tempo agradável para mim. Não tenho de fazer nada senão estar totalmente presente neste momento. Estou simplesmente presente – sem pressão, sem pressa. Simplesmente estar aí: isso não significa não fazer nada. Estou inteiramente no que estou fazendo. Então o trabalho sai com facilidade, sem que eu me coloque sob pressão ou sofra com estresse.

Para que o tempo seja um momento agradável para mim, é bom ouvir meu próprio ritmo. C.G. Jung disse: Quem trabalha no ritmo, pode trabalhar de forma mais duradoura e eficaz. A natureza tem seu ritmo. E cada pessoa tem um biorritmo. É bom prestar atenção a este ritmo interno e não lutar contra ele. Caso contrário, vamos roubar nossa própria energia. O ritmo mantém nossa energia em equilíbrio. O ritmo pertence à alternância de trabalho e oração, de descanso e atividade, de lazer e dedicação às pessoas.

Um gerente de banco me contou sobre as reuniões que duram 10 horas sem pausas adequadas. Uma reunião que dura 10 horas só pode gerar agressões. Trabalha-se muito nela, é verdade, mas é um trabalho improdutivo. Depois será preciso mais tempo para novamente reduzir a agressividade. Quem faz pausas adequadas fica mais criativo. Estará constantemente em contato com sua fonte interior. Terá novas ideias; ideias que não costumam aparecer numa concentração de dez horas.

Ócio não é ociosidade

Os filósofos gregos e romanos cantavam louvor ao ócio. O ócio é o tempo livre para descansar. Mas não significa ociosidade, em que não sabemos o que fazer. A ociosidade é a raiz de todo mal – como diz o ditado. São Bento adverte seus monges contra a ociosidade, pois ela lhes tira a tensão correta, a orientação para Deus. Em contraposição à ociosidade oca, o ócio é o tempo para refletir sobre as coisas importantes da vida. Os latinos chamam o ócio de "*otium*". O trabalho é a negação do ócio "*neg-otium*", o negócio. Os gregos chamam o ócio de "*schole*". Daí deriva a palavra alemã "*Schule*" ("escola"). A raiz etimológica é "*echein* = deter-se". O ócio é o lugar para se deter, para encontrar ponto de parada ("*Halt*", em alemão) em nosso interior. Quem se sente consumido ou exausto, perdeu seu centro interno, não tem um ponto de parada interno onde pode se segurar. Ócio significa interromper a atividade, dirigir-se ao plano interno e ali se demorar. A palavra *halteare*, do alto-alemão médio, denota o pastor, o guardador, o receptor, o redentor. Se encontro ponto de parada em meu interior, eu guardo meu verdadeiro eu. Serei pastor de mim mesmo. Tudo o que me prende se dissolve. Eu me sinto livre. Eu, por assim dizer, me concebo novamente. Nasço de novo.

Quem está em risco de se esgotar deve permitir-se momentos de ócio. No ócio eu me volto para meu interior. E me permito não fazer nada neste momento. Não penso na pressão que sinto no trabalho ou nas relações. Concedo-me tempo livre. Olho para dentro e lá encontro apoio e segurança. Eu me renovo, ao ir para dentro de mim em direção de meu verdadeiro eu.

RITUAL

Reserve alguns minutos. Imagine: agora não tenho de fazer coisa alguma. Estou simplesmente por inteiro neste momento. Este momento é meu. Eu vivo nele. E, quando retorno ao trabalho, também tento estar totalmente no momento, inteiramente na conversa que estou desenvolvendo agora, na redação dos e-mails, ao telefone. Ao conversar, escrever, telefonar, eu não me deixo colocar sob pressão. Dedico-me por completo a este momento. Tente fazer isso com frequência. Você sentirá que não cai sob pressão, que o tempo não devora, mas é um tempo agradável. Você faz uma coisa depois da outra, e enquanto faz uma coisa não pensa na seguinte.

12
INSPIRAR O FLUXO

Foco e variedade

Como entro no fluxo em meu trabalho? Mihaly Csikszentmihalyi diz que o foco no trabalho que estou fazendo agora é uma forma de obter o sentimento de fluxo. No entanto, ele acrescenta um segundo elemento: a variedade. Eu não posso me concentrar continuamente sobre a mesma coisa. Isso me prende numa gaiola interna. Ele diz: "Há muitas pessoas que trabalham duro, que são diligentes, conscientes e responsáveis, mas vivem constantemente com medo de fazer algo errado e, portanto, estão sempre na defensiva e em posição tensa, o que acaba por lhes tirar a possibilidade de ser verdadeiramente criativas. Pois há também uma habilidade de que precisamos para levar a vida com mais leveza: ter a coragem de fazer as coisas de forma diferente do que o previsto até aqui" (p. 63).

Entregar-se ao que se está fazendo

Hoje, a pesquisa sobre estresse fala do equilíbrio entre trabalho e vida, da necessária mudança de movimento e descanso. Os antigos monges, há 1.650 anos, também sabiam disso. Para eles, o fluxo do trabalho era sinal de uma boa espiritualidade. Diz-se que o patriarca Antônio, fundador do monaquismo, trançava cestas por várias horas. E o trabalho lhe saía com grande facilidade. Outro monge, que o observava, disse: "De suas mãos emana uma grande força". A condição para que o trabalho simplesmente fluísse era a liberdade interior em relação ao ego. Ele não pretendia executar uma tarefa específica, tampouco intencionava sobrepujar os outros monges com seu desempenho. Ele simplesmente se entregava ao trabalho, durante o qual também rezava a oração de Jesus. Era um fazer meditativo. Por certo isso não significa tanto o fazer criativo de que fala Csikszentmihalyi, mas Antônio via seu trabalho como um exercício em que interiormente se libertava do ego. Ele se entregava ao que estava fazendo. Se estamos constantemente considerando os outros que avaliam nossas ações, ou quando nós mesmos nos julgamos em nosso trabalho, o trabalho não flui. Consumimos muita energia para refletir sobre a avaliação do nosso trabalho.

Um ritmo saudável

E há uma segunda condição que Antônio nos mostra para que alcancemos o fluxo no trabalho. É o ritmo saudável.

Antônio alterna entre oração e trabalho, entre a meditação e ação. Ele primeiramente teve de aprender este método. Uma narrativa conta que Antônio se encontrava no deserto de mau humor e com pensamentos sombrios. Então viu próximo de si outro monge, que era igual a ele. "Estava sentado lá trabalhando, levantou-se e rezou, sentou-se novamente e trançou sua corda, em seguida se levantou novamente para rezar. E eis que era um anjo do Senhor, enviado para dar instrução e segurança a Antônio. Este ouviu o anjo dizer: 'Faz assim e obterás a salvação'. Quando ouviu isso, ele se encheu de grande alegria e coragem, e, por meio dessa atividade, encontrou a salvação" (Apotegma 1). Quando Antônio fazia sempre o mesmo trabalho e se punha sob pressão, ele caía num estado de espírito interior sombrio. Então se sentia esgotado e insatisfeito. Mas se encheu de alegria quando passou a alternar entre posição sentada e ereta, entre a oração e o trabalho, quando seguiu o ritmo de sua alma interior. O trabalho passou a lhe dar prazer. Agora ele era criativo no trabalho. Os monges revestiram esta experiência em palavras: "Tudo em excesso é dos demônios". Trabalhar em excesso é tão prejudicial quanto orar em excesso. Trata-se do equilíbrio correto, do bom ritmo. A natureza é inesgotável, porque nela o crescimento e o perecimento transcorrem num ritmo saudável.

Mas não se trata apenas do ritmo correto em termos de uma sequência temporal equilibrada. Por meio da oração e da meditação, Antônio entrou em contato com a fonte interior. Este é o significado de *ora et labora*: devemos não apenas viver uma boa alternância entre as duas esferas, mas nos conectar pela oração à fonte interna da qual podemos haurir no trabalho, sem nos esgotarmos. Não é para todo gestor ou empresário, nem para todo funcionário que a oração será o caminho para a fonte interior. Mas todos possuem dentro de si essa fonte inesgotável. O importante é encontrar caminhos para entrar em contato com esta fonte e beber dela.

13

Cinco caminhos para a fonte de força interna

Abaixo vou descrever cinco caminhos pelos quais as pessoas podem entrar em contato com sua fonte interna. O caminho para a fonte interna protege-as do cansaço e do esgotamento. Vou me concentrar em cinco caminhos, embora possa haver outros para certos indivíduos. Todos esses caminhos descritos têm em comum o fato de levarem à paz interior.

A força vital e protetora na natureza

Muitos entram em contato com sua fonte interior na natureza. Por quê? Para mim, há duas razões principais. Em primeiro lugar, eu sinto a força vital da natureza. Toda a criação está imbuída do espírito de Deus, de uma força de vida esfuziante. Quando andamos pelos prados e campos e bosques na primavera, a vitalidade flui até nós de toda parte. Essa vivacidade, esta força vital que a natureza faz aflorar também se encontra em nós. Ao caminhar conscientemente na natureza, nós tomamos parte nessa força de vida. Sentimos que não estamos consumidos ou ressequidos internamente. Esta vida que vemos ao nosso redor também se mexe em nós. O sol que nos ilumina nos põe em contato com a brasa interna. O vento sopra para longe todo o cansaço e tudo o que está empoeirado em nós. A água do rio ou do lago junto ao qual nos sentamos tem um efeito curativo e vivificante sobre nós. Conheço muitas pessoas que se revigoram sentadas à beira de um lago. Ficam olhando a quietude da água e entram em contato com sua própria alma. Em alemão, a palavra *"Seele"* ("alma") tem origem relacionada à palavra *"See"* ("lago"). As pessoas veem as ondas e sentem que elas limpam tudo o que está sujo nelas. A água tem um efeito calmante sobre elas. Mas também abriga a promessa de que nelas há um rio que nunca seca, porque nasce na infinitude de Deus.

A segunda razão pela qual as pessoas entram em contato com sua fonte interior na natureza é, a meu ver, o fato de a natureza não julgar. Em muitas conversas, eu constato que a maioria das pessoas julga tudo o que sente em si, tudo o que pensa e o que faz. Elas falam de seus medos, mas imediatamente julgam o medo como doentio. Falam de seu esgotamento e seus sentimentos de depressão. E logo os classificam como mórbidos ou condenam a si mesmas por causa disso. Elas dizem: "Na verdade eu não deveria ter motivo algum para estar esgotado. Tenho uma boa família, e meu trabalho realmente me dá prazer. Não sei de onde vem meu *burnout*. Talvez eu seja muito fraco. Talvez tenha reprimido muita coisa". E quanto mais sondam as causas dentro de si e quanto mais julgam sua exaustão, menos conseguem se libertar disso. Tudo o que eu desvalorizo em mim fica pendurado em mim.

A natureza não julga. Nela eu posso simplesmente ser como sou. Desse modo, posso descansar e entrar em contato com minha fonte interior. Mas se eu me sento num banco à beira de uma floresta e não paro de remoer o que fiz de errado e por que afundei neste estado terrível, certamente não vou me restabelecer. Com meu julgamento e avaliação, eu corto a ligação com minha fonte interior. No entanto, também posso me sentar no banco e simplesmente apreciar a natureza: sentir o vento que roça meu rosto e me afaga com ternura, sentir o sol que brilha sobre mim, ouvir o chilrear dos grilos e o canto dos pássaros. Então me sinto protegido. A natureza tem algo de maternal. Sinto-me apoiado, protegido e nutrido pela Mãe Natureza.

Para muitos é salutar simplesmente se sentar no chão na natureza e desfrutar a vida ao redor. Outros, no entanto, entram em contato com sua fonte quando caminham na natureza, ou praticam montanhismo. Mas eles se esforçam nisso. Eles caminham por muito tempo, suam enquanto sobem a montanha. Alguém poderia pensar que esse esforço os esgota. Mas o que ocorre é uma boa fadiga, em que eles sentem a si mesmos. E, nesse cansaço, eles esquecem o dilaceramento interior, que é característica de um *burnout*. Eles sentem a si mesmos. E quando se percebem, quando se sentem no próprio corpo e desfrutam o cansaço, eles se revigoram internamente apesar de toda fadiga. Entram em contato com sua fonte interior. E se sentem novamente em harmonia consigo mesmos, em harmonia com a natureza ao redor, em harmonia com a caminhada e o montanhismo em companhia com outras pessoas. Também é possível ter experiência semelhante no trabalho de jardinagem.

Poder solucionador da música

Para mim, a música também é uma boa maneira de entrar em contato com minha fonte interior. Quando ouço música, posso me esquecer de tudo ao meu redor: minhas preocupações e problemas, o trabalho e a questão de saber se a minha decisão foi certa ou não. Deixei-me mergulhar na música. Então sinto que a música me leva a novas áreas do meu corpo e da minha alma. Santo Agostinho diz mesmo que a música nos leva ao ponto mais íntimo da casa da alma, à base interior – na linguagem de Santa Teresa de Ávila, à câmara mais interna de nosso castelo da alma. Ali soa a música, que também faz soar minha própria alma. Tudo o que está solidificado se dissolve e começa a vibrar. Os bloqueios se dissolvem e tudo soa junto em mim: o jovial e o sombrio, o claro e o escuro, o ruidoso e o silencioso, o rápido e o lento, as dissonâncias e consonâncias. A música faz o que está petrificado em mim mover-se novamente, vibrar.

É melhor ainda quando eu mesmo faço música, quando toco um instrumento ou canto. Muitos podem esquecer suas preocupações internas tocando piano ou violoncelo. Entregam-se inteiramente à música. O som da música dissolve o que está enrijecido em sua alma. Isto se aplica especialmente ao canto. Muitas pessoas que cantam em coral dizem que, depois do ensaio, voltam exultantes e revigoradas para casa. O canto as colocou em contato com sua fonte interior. E essa fonte é, segundo Santo Agostinho, uma fonte de alegria e de amor. Agostinho diz: "Quem canta, canta alegremente". A palavra grega *"choros"* vem de *"chara"*, alegria. Há em nós uma fonte de alegria. Mas as decepções e os problemas no trabalho muitas vezes nos cortam o laço com essa fonte de alegria. Ao cantar, a fonte sobe, por assim dizer, das profundezas da alma e penetra nossa consciência, para que também a possamos sentir na esfera emocional. E a fonte interior é uma fonte de amor. É de Santo Agostinho a famosa expressão *"Cantare Amantis est"*, que poderia ser traduzida como "Aquele que ama, também gosta de cantar. O amor gosta de se exprimir no canto". Mas também poderia ser traduzida de forma diferente: "Quem canta entra em contato com a fonte do amor, que jorra no fundo de sua alma". Quem entra em contato com sua fonte de alegria e amor, também pode beber dessa fonte no trabalho.

Algumas pessoas também cantam no trabalho. Cantam especialmente em atividades simples e se sentem bastante entusiasmadas. O canto mostra que estão em fluxo no trabalho.

Isso lhes dá prazer. Conheço uma mulher que gosta de cantar enquanto lava a louça. Assim, lavar louças não é para ela uma tarefa maçante com a qual ela se aborrece por sentir que tem vocação para algo superior. Ela é capaz de se envolver nesse ato simples, porque o canto a mantém no fluxo. Um pintor gosta de cantar enquanto pinta as paredes. Aqui também percebemos que ele gosta do trabalho. É criativo nele. Ele o faz com leveza. Isso não significa que ele trabalha com desleixo; ao contrário: o canto o faz estar inteiramente presente na ação.

O poder de cura do silêncio

Para outros, o silêncio é uma esfera importante onde podem entrar em contato com sua fonte interior. Silêncio tem a ver com calma. A mãe acalma a criança. Quando ficamos quietos, nossa sede e nossa fome interiores afloram em nós. Mas o silêncio é capaz de saciar esta sede. O silêncio nos é previamente dado. Mergulhamos num espaço de silêncio. A igreja pode ser um lugar de silêncio construído. A natureza é silenciosa. Quando o silêncio nos rodeia, nós o experimentamos como benéfico. Para poder desfrutar o silêncio que nos rodeia, nós mesmos devemos ficar em silêncio. Este ficar em silêncio significa calar-se. O silêncio é manter a boca fechada, mas também calar os pensamentos.

Quietude e silêncio são salutares para muitas pessoas. Elas entendem as famosas palavras do filósofo da religião dinamarquês Søren Kierkegaard: "No estado atual do mundo, a vida toda está doente. Se eu fosse um médico e me perguntassem: O que você aconselha? – Eu responderia: Criem silêncio!" Especialmente no trabalho, temos de estar falando o tempo todo e nos comunicando com os outros, e todos ao nosso redor também estão conversando. Há uma constante enxurrada de comunicação em e-mails, telefonemas, Twitter e outras notícias. Ansiamos por espaços de silêncio. O filósofo indiano Rabindranath Tagore diz que as inúmeras palavras frequentemente nos contaminam e que precisamos, por assim dizer, entrar numa banheira de silêncio, para nos revigorarmos por dentro: "O pó das palavras mortas se prende a você; banhe sua alma no silêncio".

Durante as férias, gosto de ficar no meio da mata sem ouvir barulho de motor algum, trator ou motosserra, avião ou carro nas proximidades. São momentos de pureza e clareza. Então eu ouço o silêncio. E sinto como isso me faz bem. Na quietude que me rodeia, as turbulências internas também silenciam. Não me sinto mais sob pressão. Sou livre e me sinto internamente revigorado, banhado pelo silêncio.

Afirmação da existência em festas e celebrações

Nem todo mundo se dá bem com o silêncio. Para outros, uma festa ou uma celebração conjunta, organizadas para seu aniversário, são uma boa maneira para entrar em contato com sua fonte. A festa nos eleva internamente. Ela nos conecta com os outros e exprime a afirmação da nossa existência. A festa sempre é – como diz o filósofo alemão Joseph Pieper – concordância com a vida. Ela nos dá alegria de viver. Mostra-nos que nossa vida é preciosa e significativa. Na festa lidamos uns com os outros de maneiras diferentes, de maneira festiva. Respeitamos uns aos outros. Não julgamos. Estamos felizes uns com os outros. Após comemorar uma festa de aniversário bem realizada, sentimo-nos como que nascidos de novo. Fomos vistos, percebidos, reconhecidos, elogiados. As pessoas nos desejaram muitas coisas boas. Não foi apenas algo externo, muitas as desejaram de coração. Desse modo, uma festa revigora. Algumas pessoas que sofrem de *burnout* acham que os convidados não merecem sua companhia. Mas é justamente quando não me sinto tão bem é que devo me permitir celebrar uma festa com os outros, para esquecer de mim mesmo e de minhas preocupações por um momento e comemorar com gratidão, pois estou vivo, já alcancei muitas coisas na vida, tenho muitos amigos e posso olhar com satisfação para o que já passou.

O poder de cura da conversa

Algumas pessoas que sofrem de *burnout* guardam este fato para si e se isolam. Têm vergonha de admitir sua miséria interior para os outros. Tentam escondê-la do exterior. Mas isso é desgastante. E custa muita energia. Além disso, essas pessoas têm o medo constante de que os outros possam percebê-lo. Quem isola sua condição dos outros, torna-a pior. É libertador quando posso conversar com um amigo, uma amiga ou até mesmo um conselheiro ou um terapeuta. Posso simplesmente contar como me sinto. O outro me escuta, sem julgar o que estou dizendo. Ele pergunta, mostra-se interessado por mim. Ele não se choca com o que digo. Para ele, é perfeitamente normal. E desse modo o elemento assustador também desaparece para mim. É uma experiência normal que estou atravessando, muitas outras pessoas também já passaram por ela. Isto me alivia da autocensura, da autoacusação.

Os monges antigos já elogiavam a conversa como um importante caminho para a cura. São Bento recomenda aos seus monges que revelem os pensamentos e sentimentos secretos para o abade. Bento fundamenta isso com uma palavra da Bíblia: "Entrega o teu caminho ao Senhor; confia nele" (Sl 37,5). Quando falo abertamente sobre meus pensamentos e sentimentos, a serpente interior – assim dizem os monges – perde seu poder. É expulsa e desaparece. Enquanto eu guardar para mim meus pensamentos sobre meu cansaço, eles só vão piorar. Fico remoendo e não sigo avante. Ao conversar, a confusão interior adquire ordem interna e direção. Reconheço uma maneira de poder ir em frente. E, acima de tudo, sinto-me aliviado por dentro. Não preciso mais consumir minha energia na tentativa de esconder tudo. Abri meu coração e não fui condenado. Pelo contrário, o outro me entende, me aceita como eu sou; e, com isso, eu também paro de me condenar.

14

COMO A BÊNÇÃO SE TORNA FLUXO

Valores e relação

Apesar de ações más ou destrutivas, é possível chegar ao fluxo. Muitos veteranos de guerra dizem que nunca tinham se sentido tanto em fluxo como na guerra. Sabemos: também existem o frenesi da violência e o turbilhão do mal. Csikszentmihalyi adverte veementemente contra a possibilidade de um uso errôneo do fluxo. Quando as empresas propagandeiam que você deve se envolver completamente no trabalho, para então experimentar o fluxo, isso também representa um perigo. "Isso pode levar os líderes a exortar os funcionários a trabalhar com dedicação total, para eles próprios se eximirem de preocupações e terem em mente apenas o bem-estar da empresa como um todo, o que pode rapidamente se converter em seu oposto" (p. 84).

Devemos, portanto, tomar cuidado com palavras muito grandiosas. Quando louvamos o "sentimento do fluxo" em demasia, é certo que atraímos as pessoas para nossa causa, mas não por muito tempo: em algum momento elas se sentirão exploradas. Sentirão que são usadas apenas para trabalhar de corpo e alma para a empresa, sem, contudo, encontrar uma real apreciação de si mesmas. Surge uma espécie de sugestão, que contagia algumas pessoas e talvez as faça alcançar um alto desempenho. Mas quem não tem equilíbrio entre o fascínio pelo trabalho e sua vida pessoal será abusado pelo sentimento do fluxo. E chegará uma hora em que responderá a este abuso emocional com um *burnout*.

Outro perigo é que o fluxo pode ser viciante. A pessoa se joga apaixonadamente no trabalho e entra no fluxo. Mas submerge nele e se esquece de si mesma, do seu ambiente, de seu namorado, sua namorada e de sua própria família, e assim se esquiva de sua própria verdade. Por isso é sempre preciso ter a medida certa e a variedade na vida, para que não nos desviemos da vida e mergulhemos tão somente no trabalho. Portanto, o psicólogo húngaro adverte: "O fluxo é uma forma de energia, e se você não sabe como lidar com ela, ela pode destruí-lo e aos outros também. Mas se você sabe como pode lidar com ela, ela vai aquecê-lo, a você, aos seus filhos, à sua família e às pessoas com quem convive – e isso é maravilhoso!" (p. 93).

Para que o fluxo se torne bênção, deve estar conectado a valores. O que eu faço deve ter sentido. E deve corresponder aos valores que tornam nossas ações valiosas. A empresa que explora o fluxo para tornar os funcionários viciados em trabalho destrói as pessoas. O fluxo é uma bênção apenas quando a empresa vive os valores autênticos que a filosofia grega já considerava decisivos para os seres humanos – a justiça, a coragem, a justa medida, a sabedoria. Caso contrário, quando estes valores não contam mais, e o desempenho é apenas instrumentalizado, as pessoas serão exploradas pelo fluxo.

E outra coisa importante para o fluxo: o componente social. É importante que cuidemos de nós mesmos, mas, ao mesmo tempo, sempre nos vejamos como uma pessoa que vive em relações. O homem, segundo Csikszentmihalyi, deveria ser assim: "O novo ser humano, como eu desejaria para mim, é uma pessoa que se vê como parte de um sistema universal, não apenas como um indivíduo. Estamos conectados com o mundo inteiro – desejo para mim um ser humano modesto e sensível, que aja como indivíduo a partir deste sentimento de conexão e, evidentemente, se realize como tal. Ele é único, mas como parte de algo muito maior" (p. 72).

Nisto reside a dimensão espiritual do nosso tema; aqui também se encontra a referência aos valores cristãos. Somos criaturas de Deus e parte da criação. Somos responsáveis pela criação, mas também por todas as pessoas do mundo, com as quais nos sentimos profundamente unidas. Assim o viu o Apóstolo Paulo quando escreveu na carta aos Hebreus: "Pois, tanto o que santifica como os que são santificados vêm todos de um só; por isto ele não se envergonha de chamá-los de irmãos" (Hb 2,11). Profundamente somos todos um. Todos nós viemos de Deus. E Cristo também tem essa mesma raiz. Portanto, a nossa comunidade humana é profundamente santificada. E nossa missão é proteger o sagrado em nós mesmos e nas pessoas. O sagrado é aquilo que se retirou do mundo. Se encaramos o trabalho e o dinheiro como valores supremos, traímos o sagrado nas pessoas, nós as exploramos. Se, no entanto, estamos cientes do elemento sagrado em cada indivíduo e na comunidade humana, seremos uma bênção para eles. Então poderemos nos empenhar por eles, sem trair o sagrado em nós mesmos.

Os valores inspiram o fluxo. Se sei que estou comprometido com algo valioso, então o faço com prazer, estou internamente motivado. Mas os valores não só inspiram, como também me ligam com a profundidade. Eles também são fontes das quais posso beber. Os latinos chamam os valores de "*virtutes*", termo que poderia ser traduzido como "fontes de energia". Os valores são fontes de energia das quais aflui força em minha direção. Eu gostaria de explicar isso com um exemplo. Se numa empresa imperam estruturas injustas, então há perdas por atrito: os funcionários estão insatisfeitos, lutam uns contra os outros ou em defesa de seus direitos. Segundo Platão, justiça é também apreciar meu próprio valor. Se aprecio meu próprio valor, também aprecio o valor dos outros. Eu o estimo com seus valores, eu o incentivo. Se não estou ciente do meu próprio valor, minha tendência será a de desvalorizar os outros. Os psicólogos dizem que 40% do potencial é desperdiçado numa empresa por estruturas injustas e desvalorização de seus funcionários. Estes 40% deveriam encontrar um uso positivo antes de os funcionários serem impelidos a mostrar mais desempenho.

Valores sempre têm a ver com apreço. Quem vive valores, protege a dignidade dos outros e também lhes mostra seu apreço. O apreço inspira os colegas de trabalho: este é um fato empírico. Quando os outros enxergam e reconhecem meu valor, isso me fortalece e me estimula a fazer algo valioso.

Conclusão

Refletimos sobre as imagens e visões que trazem nossa vida do torpor ao fluxo. O psicólogo húngaro Mihaly Csikszentmihalyi nos acompanhou nisso. No entanto, ele também adverte repetidas vezes contra os excessos: não devemos fazer do "fluxo" uma ideologia. Para ficar na linguagem das imagens: é belo quando nossa vida flui, quando somos carregados por um fluxo, quando tudo o que fazemos simplesmente flui de nós. Mas tão belo como um rio é um lago silencioso, imóvel. Não há ali esterilidade ou estagnação. Ao contrário, ficamos fascinados quando ondas movidas pelo vento ou agitadas por uma tempestade se acalmam e a água fica parada. Repouso e movimento: ambos são importantes em nossa vida. Quanto ao trabalho, é bom quando ele flui de nós. Imagens que trazemos em nós e ativamos são uma ajuda importante para que a energia comece a fluir em nós. Mas também precisamos veementemente de períodos de silêncio. Quando tudo em nós está em silêncio, somos confrontados com a nossa verdade.

Na tradição do monaquismo antigo há uma bela história de três estudantes. Os três decidem se tornar monges, e cada um deles, repleto de entusiasmo, propõe-se realizar um bom trabalho. Um pretende pacificar querelantes, o outro assume a tarefa de visitar enfermos, e o terceiro vai para o deserto a fim de viver em paz. E qual foi a experiência deles? Os dois primeiros monges entraram perfeitamente no fluxo com seu trabalho, porque era um trabalho significativo. Mas então perceberam que não podiam apaziguar todos os contendores, nem visitar e confortar todos os doentes. Então, deprimidos, foram ter com o terceiro monge, que vivia no deserto. Contaram-lhe seus problemas. Ele os escutou sem lhes dar conselhos. Em vez disso, verteu água numa vasilha e disse que eles deveriam olhar para dentro dela. Eles assim fizeram, mas a água ainda estava inquieta e eles não viram nada ali. Mas, quando a água se acalmou, eles olharam para dentro da vasilha novamente e viram a si mesmos como num espelho.

O que essa velha história nos diz hoje: reconhecer-se a si mesmo em sua própria verdade é tão importante quanto o fluxo da energia vital. Sem esse encontro com nossa própria verdade, o fluxo – como diz o psicólogo húngaro – se torna uma fuga de nossa própria verdade. Então precisamos sempre de dois polos: da parada e do fluxo, do silêncio e da conversa, da oração e do trabalho. E precisamos de boas imagens para ambos. O terceiro monge tinha uma bela imagem para o silêncio: a imagem da água tranquila. Neste livro contemplamos primordialmente as imagens que fazem nossa vida fluir. Precisamos, para ambos os polos, de imagens que se formam em nós. Ambos também estão internamente relacionados: a imagem da quietude nos põe em contato com a fonte. E a imagem do fluxo faz a fonte jorrar em nosso trabalho e nossa vida cotidiana.

Examinamos imagens de outras pessoas. Todo mundo carrega em si imagens doentias e paralisantes, mas também outras revigorantes, imagens que conduzem ao fluxo. Com esses estímulos não quero impor aos leitores e leitoras imagens estranhas, mas encorajá-los a descobrir em sua própria alma imagens que os coloquem em contato com sua fonte interior.

Desejo aos caros leitores e leitoras que encontrem não apenas imagens fatigantes para seu trabalho, mas imagens leves e lúdicas. De fato, Csikszentmihalyi constatou que entra no fluxo apenas quem é capaz de ver seu trabalho na imagem do jogo.

Assim também lhes desejo que façam e vivenciem tudo com leveza interior e alegria, que possam se envolver no trabalho e na vida, que vocês entrem no fluxo, e o fluxo de sua vida e de suas ações se torne uma bênção para vocês mesmos e as outras pessoas. Vocês se tornarão uma bênção para este mundo apenas quando se libertarem da fixação no sentimento-de-fluxo, apenas quando sua vida simplesmente fluir porque vocês mantêm relação com seu trabalho e as pessoas para as quais trabalham. E apenas quando vocês estiverem em contato com o Espírito de Deus, que sempre lhes dá nova energia. Que abundantes bênçãos fluam de vocês e inspirem as pessoas ao redor!

REFERÊNCIAS

BACKOFEN, R. *Tao te King/Laotse* – Text und Einführung von R. Backofen. Munique, 1975.

CSIKSZENTMIHALYI, M. *Flow – der Weg zum Glück*: Der Entdecker des Flow-Prinzips erklärt seine Lebensphilosophie. Friburgo, 2010.

GRUNDMANN, W. *Das Evangelium nach Matthäus*. Berlim, 1968.

QUIRING, H. *Heraklit* – Worte tönen durch Jahrtausende. Berlim, 1959.

JESUS COMO TERAPEUTA
O poder curador das palavras
Anselm Grün

Quando leio a Bíblia encontro nos evangelhos um Jesus terapeuta, que cura as pessoas doentes. Ele se apresenta a mim como interlocutor e contador de histórias, e encontro nele muitas palavras que me desafiam. Há tempos tive a ideia de meditar sobre os métodos terapêuticos do Mestre e de aplicá-los aos dias de hoje. Por um lado, quero descobrir como podemos obter uma nova imagem de nós mesmos mediante o encontro com Jesus, pois da nossa autoimagem depende o êxito de nossa vida. Por outro, desejo saber como nós, com nossos problemas psicológicos, podemos interagir com Jesus para que experimentemos a cura. Fascinados, lemos os relatos sobre como o Mestre curou os doentes, mas como podemos ser curados no encontro com Ele?

Este livro é destinado a pessoas que desejam conhecer-se melhor. Ele quer ajudá-las a encontrar caminhos que as levem a uma vida bem-sucedida. Foi escrito para pessoas que sofrem consigo mesmas e que procuram uma solução para o seu sofrimento. Mas também o escrevo para mim mesmo, como acompanhante espiritual, e para todos os que acompanham outras pessoas em sua espiritualidade. Pois nós, que trabalhamos no acompanhamento espiritual, também podemos aprender com os métodos terapêuticos de Jesus. Minha esperança é que os terapeutas se interessem igualmente pela sabedoria terapêutica do Mestre e encontrem nele impulsos para o seu próprio trabalho.

Formato: 13,7 x 21 cm

OS SETE PILARES DA FELICIDADE
Virtudes para a vida
Notker Wolf

Os pardais são os pássaros favoritos de Notker Wolf, que os vê como um símbolo da felicidade. Para ele, os pardais representam a vivacidade e a leveza do existir.

Promete-se muita coisa. Mas, o que realmente interessa? Em meio à literatura espiritual que surgiu através dos tempos, há um clássico de 1500 anos com ensinamentos em sua maioria caídos no esquecimento: a Regra de São Bento. Observando-a à luz da sabedoria das antigas virtudes, encontraremos coisas surpreendentes, apropriadas para nossa situação atual, para nossa vida pessoal. O abade primaz Notker Wolf nos fala de suas experiências com as virtudes: coragem, justiça, prudência, temperança, fé, amor e esperança. Elas servem como "suportes" da felicidade. Estas sete atitudes contêm algo capaz de dar estabilidade individual e social. São como "colunas", "pilares", que sustentam a felicidade, sobre as quais podemos construir a casa da nossa vida, uma casa sem muros escorregadios, um lugar onde os pássaros também podem se alojar, onde moram a leveza e a alegria de viver.

"A humanidade possui um tipo de sabedoria com a qual podemos evitar a tristeza e alcançar a felicidade. As virtudes também fazem parte do conhecimento humano sobre a felicidade. É delas que fala este livro. Felicidade tem algo a ver com sentido. Desde que, seja onde for, eu encontre um sentido para o que faço, posso ser feliz, e quem é feliz não sofre crise existencial. E pode-se fazer algo por isto: Quem quer ser feliz precisa pôr-se em movimento. Para muitos, só isso já é demais, mas, com certeza, comodismo, devaneio e um agradável 'nada-fazer' são coisas que não levam à felicidade."

Formato: 13,7 x 21 cm